ルポ
私たちが生きた平成
人と社会はどう変わったか

ルポ 私たちが生きた平成

人と社会はどう変わったか

共同通信社◉編

岩波書店

平成の輪郭を探して——「まえがき」に代えて

改元を翌年に控えた2018(平成30)年1月、共同通信社は「私たちの平成」というタイトルの連載企画をスタートさせた。約1年後に終わる平成という時代を、世の中に流布する既成のイメージにとらわれず、多くの現場に足を運んできた記者の視点で再構築できないだろうか。企画を始めるに当たって、そんな風呂敷を広げてみた。50年、100年たって、後世の人たちが振り返ったとき、平成とは果たしてどんな時代として語られるのか。普段の取材活動ではほとんど意識することのない、長い時間軸を念頭に置きながら書くべきテーマの構想を練った。

ただ、自らが生き証人となった時代を客観的に捉えるのは簡単ではない。遠い過去と違って描くべき材料は潤沢に手に入るが、どの素材に意義を見いだすかはそれぞれの関心や人生観が反映され、世代間ギャップもある。昭和に対する思い入れの裏返しなのか、年齢層が高いほど平成には否定的な見方が強く、若い世代ほど肯定的に捉える人が多い。そうした傾向はこれまでの取材でも感じており、今回の企画は限られたメンバーではうまく回らないと考えた。特定の世代の主観に陥らないよう、取材チームは平成元年に生まれた20代の記者から、平成2年に入社した50代の記者まで、十数人を迎えてスタートした。

取材を進めるに当たって、いくつか申し合わせをした。「著名な出来事や事件を単に振り返るのはやめよう」「安易に次の時代の希望を語るのはやめよう」というのが一つ。昔を懐かしむのが目的ではないし、無責任に「明るい未来」は描きたくなかったから。「記者は取材者であると同時に、当事者として対象に向き合う」という姿勢も確認した。「私たちの平成」というタイトルには、「記者も時代に参画した一人の市民」との思いを込めた。もし、平成があまりよくない時代として語れるとしたら、責任の一端はきっと私たち自身にもあるはずだ。

記者の仕事は通常、政治、経済、社会といったジャンルに分類されている。例えば社会の中でも事件、医療、労働、防衛、教育などのテーマに細分化され、特定の分野を追いかける者が多い。しかし、今回の企画に同様のアプローチで臨んだ場合、「専門分野の30年史」を描くことはできても、平成の輪郭を捉えるという狙いからは遠ざかってしまう。

手探りではあったが、まずは全員で時代を象徴するキーワードを拾い上げる作業から始めた。「新自由主義」「自己責任」「多様性」「権威の崩壊」「アンチリベラルの台頭」「ボランティア元年」「終わりなき日常」……新聞紙上を賑わせたような言葉をたたき台にして、自分たちが描きたい平成とは何なのかを議論した。書くべき事象、書きたい事象を突き合わせる中で、共通項として抽出できるエッセンスはないか。それは時代の背骨に相当するコンセプトに育たないだろうか。私たちの物の考え方や生活を、いつの間にか規定するようになった概念のようなもの。普段は結びつけて考えたことのない事象同士を横糸で結び、時代という縦糸を編み込むことができれば、そこに「平成らしさ」が現れてくるのではないか。

おぼろげだが、立ち上がってくる平成像がいくつかあった。能力がことさらに重視され、自立した個人が求められるようになった時代。テクノロジーの進歩で、誰とも違う個性を追求できるようになった時代。組織を維持するための「正しさ」が優先され、こぼれ落ちる者に冷淡になった時代。国際社会に認められようと、戦後築いた平和国家が変容し始めた時代。無駄を嫌い、効率を追い求める「コストパフォーマンス」の価値観が蔓延した時代。多様性が大切だと理解しつつも、受容するプロセスには手間がかかり、困惑した時代……。私たちなりに構築した平成観を、各章の中核に据えた。ただ、これが平成を形作る全ての要素ではないし、チームのメンバーが異なれば、おそらく別の平成観もあっただろう。

取材では、たくさんの方にお世話になった。個々の事象は記者が足で稼ぐことはできても、その事象を平成というフィルターにかけて分析するには、専門家に意見を聞く必要があった。記事の方向性が定まらない段階で、取材をお願いするケースも多かった。「せっかくお話しいただいても、記事に反映できないかもしれません。それでも取材に応じていただけますか」。ぶしつけなお願いをするのは心苦しかったが、企画の趣旨を伝えると、ほとんどの方が喜んで取材に応じて下さった。

この場を借りて厚く御礼申し上げたい。

岩波書店編集部の田中宏幸さんには、全体の構成などについて多くの助言をいただいた。的確な指摘をありがとうございました。

本書の元になった連載企画は、共同通信が記事を配信するブロック紙、地方紙の二十数紙に掲載された。年配の読者からの丁重な感想に加えて、「連載を楽しみにしている」という高校生の声を紙面で見つけた時は、大きな励みになった。今回の書籍化に当たり、タイトルは「私たちが生きた平成」に改め、箇所によっては大幅に加筆修正した。記者には素材を取り上げるに至った経緯や動機、どのような思いで取材対象者と関わってきたのかなど、日々の新聞記事ではめったに書く機会のない背景についても、可能な範囲で書き込んでもらった。登場人物の年齢や肩書きは、記事の出稿時に統一した。また、本文中の敬称はすべて省略させていただいた。

最終章には、企画の番外編として出稿した30歳の識者による座談会を収録した。平成と同じ年齢を重ねてきた3人の発言には、はっとさせられる言葉がちりばめられていた。「身体感覚を取り戻したい」「自分が知っている世界は狭い」「正解は更新され続ける」——。これからの時代を担う若者の発想は伸びやかで、示唆に富んでいた。

口幅ったいことを言えば、記者という私たちの仕事は、自らが足場とする社会や同時代を共に生きる人たちへの愛着があって成り立っている。今回、取材対象として取り上げたのは、ほとんどが名もなき市井の人だった。市民が泣いたり笑ったりする日常の中にこそ、平成という時代は息づいている。読者のみなさんから共感が得られることを、そして未来の読者から「この平成の捉え方、なかなかいい線いってるかも」と思ってもらえることを願っている。

共同通信社・編集局編集委員
名古谷隆彦

本書は共同通信が２０１８年1月から12月にかけて配信した連載企画「私たちの平成」を改題し、加筆・修正したものです。掲載紙21紙（一部掲載も含む）は次の通り。室蘭民報、東奥日報、デイリー東北、秋田魁新報、埼玉新聞、山梨日日新聞、岐阜新聞、中部経済新聞、福井新聞、大阪日日新聞、中国新聞、日本海新聞、山口新聞、愛媛新聞、徳島新聞、高知新聞、西日本新聞、熊本日日新聞、佐賀新聞、南日本新聞、沖縄タイムス。

写真はすべて共同通信社の提供。

ルポ　私たちが生きた平成

目次

第II部 「豊かさ」が失われていく社会

第I部 揺れる「人間」の価値

第1章 能力至上社会を生きる

オウム真理教の第7サティアン跡地(手前)と
富士山(2017年12月，山梨県富士河口湖町)

バブル末期に始まった平成が幕を閉じる。「1億総中流」を支えた終身雇用が崩壊し、急速な人口減少で国の未来は見通せない。時代は「自立した強い個人」を求めるようになり、効率性や生産性の高さが個人の評価を決めていく。能力を至上とする価値観は、人々の生き方に一体何をもたらしたのか。平成を生きる「私たちの物語」をたどる。

1　煽られる「自分力」

①安住すれば取り残される――未来予測にも背中押され

かつて「サティアン」と呼ばれるオウム真理教の施設があった山梨県の旧上九一色村《かみくいしきむら》(現・甲府市、富士河口湖町)。2018(平成30)年7月、教祖だった松本智津夫元死刑囚(執行時63)ら13人の死刑が執行された際に再び耳目を集めたが、施設は全て取り壊され、今は慰霊碑が一つ立つだけだ。

バブル景気が膨らみ、そしてしぼむころ。新興宗教のオウム真理教は、生きづらさを抱える若者を吸収し、組織を肥大させていった。1995(平成7)年には約1万人の信者がいたとされ、多くの信者は自分自身を高め、自分に足りない何かを埋めようとしていた。教団はそこにつけ込んだ。

同じころ、心の転換によって「本当の自分」を獲得しようとする「自己啓発」が流行となり、多くの人を飲み込んでいった。

初対面の男女が互いをののしり合い、時に褒め合う。その場にいた約30人の一人一人が、全員の前で自分の欠点や「あるべき姿」を叫ぶ。「みんなで自分を変えていこう」

1996(平成8)年秋、秋田県から上京し、大学生だった上田洋美(40)は東京都内で開かれた「自己啓発セミナー」に参加した。「自分の価値が分からない」。「他人に良い影響を与える人間になりたい」。長年漠然と抱えてきた不安や劣等感を解消したかった。

3日間のプログラムを終えた時は、全員で涙を流して抱き合った。「自分が変わった」と皆が目を輝かせた。しかし、その後は勧誘のノルマが課せられ、駅前の公衆電話で友人への連絡を強要された。「結局、商売に利用されているだけだった」。疑問を感じ、数カ月後に退会した。

当時大学生だった記者(41)は、自己啓発セミナーに傾倒した友人から勧誘を受けた。退会するように説得しても聞く耳を持たず、そのうち疎遠になった。セミナーの強引な勧誘は大学生らの間で問題になっていたが、大量の逮捕者を出したオウム事件の影響もあってか、急速に勢いを失っていった。

自己啓発はその後、宗教的・概念的な要素よりも、実務的な能力を高める「自分磨き」へと軸足を移していった。共同通信が三菱UFJリサーチ&コンサルティングに依頼した調査では、自己啓発の市場は2016(平成28)年の推計で9049億円に上り、約30年間で約3倍に拡大していた。

2017(平成29)年11月の夜。都心にそびえる43階建て高層ビルの一室に、働き盛りの男女約90

人が集まった。「あなたのセールスが10倍アップする営業のチカラ」。演題が投影されたスクリーンを前に、経済評論家の勝間和代(49)が熱っぽく語りかける。「セールスは農業と同じ。時間をかけて収穫するものなんです」

「断る力」などの自己啓発本を著した勝間が主催する「勝間塾」の月例会。講義やメール形式の課題を通じて、塾生たちは仕事や生活に役立つ能力を磨こうと真剣だ。勝間をロールモデルに成功を目指す人々を意味する「カツマー」は、２００９(平成21)年の流行語大賞にもノミネートされた。

１３００人いる塾生の一人、埼玉県の薬剤師、田辺典子(42)は「知らない人と積極的に話し、SNSに顔写真を出してやりとりするなんて、以前の自分には想像もできなかった」と振り返る。

勤務先の診療所では薬剤師は自分ひとり。現状に安住したままでは、時代に取り残されるのではないか、と不安になる。「少子高齢化」「人工知能が仕事を奪う」。世間を飛び交う憂鬱な未来予測にも背中を押され、２０１３(平成25)年に入塾した。近ごろはコミュニケーション力や論理的思考力が着実に身に付いてきたと実感している。

「能力を高めれば、個々人がそれぞれの人生をコントロールし、豊かに暮らせる」と勝間は言う。とはいえ、努力すれば誰もが成功者になれるのだろうか――。そんな記者の疑問に勝間は笑顔で答えた。「うまくいかないとしたら、やり方を知らないから。やみくもはだめ。『正しい努力』をすればいいんですよ」

②失敗の責任を負うのは自分――市民権を得た「人間力」

２０１７(平成29)年11月。凍える寒さの夜、ふんどし姿の男と白装束の女が祝詞を唱えていた。三重県鈴鹿市の椿大神社で毎月行われる滝行。信仰は問わず、紹介者がいれば体験できる。若者の姿が目立ち、その数は１００人を超える。野外に並んで順番を待ち、滝に入るのは十数秒。「人生に必要なのは刹那の集中力。一丸となって今の自分を超えよう。皆さんは人間を高めるためにここに来た」。宮司が力強く呼び掛けた。

「能力至上社会」を取材するため、記者(42)は滝行のほか、瞑想を行う「マインドフルネス」や、自分の内面を振り返る「リフレクション」など複数の講座やイベントを体験した。関連する書籍もインターネットや書店で探した。その中で頻繁に使用されている言葉に、「人間力」があった。

「人間力」は、１９８９(平成元)年に死去した明治大学野球部の島岡吉郎元監督が好んで使った。主にスポーツ指導の際に「重要なのは技術だけではない」との趣旨で用いられていたが、次第に全人格的な能力を意味する〝マジックワード〟として市民権を得ていった。

政府もそこに触手を伸ばす。「自立した一人の人間として力強く生きていくための総合的な力」。２００２(平成14)年、小泉純一郎政権で内閣府が設置した「人間力戦略研究会」が、初めて公式に人間力を定義した。バブル崩壊後の経済成長の行き詰まりと結びつけて、「我が国において低下している」と指摘し、強化が必要だと訴えた。

「就職基礎能力」２００４(平成16)年、「社会人基礎力」２００６(平成18)年、「学士力」２００７

(平成19)年――。国はその後も次々に新しい「能力」を打ち出す。

こうした動きを「国による人間の規範化」と著書で批判する京都外国語大学講師の伊多波宗周《いたばむねちか》(38)は「一人一人が自らの判断で能力や意識を高める『自分磨き』を行わなければならず、失敗すればその責任は自身が負うべきだ、という主張が一般化した」と分析する。

伊多波はさらに指摘する。「能力主義自体は、出自等で判断しないという意味では望ましいものである。問題は、能力主義が弱者切り捨ての論理に転化して方便として使われるようになったことだ」

東京都の大塚孝史(41)は、スマートフォンに残るパートナーからのLINE(ライン)メッセージと、3歳の息子と1歳の娘の写真を見つめた。「もちろん4人で引っ越して生活したいよ。でも、無理がある」

2001(平成13)年の大学卒業時は就職氷河期。消費者金融に就職したが、延滞者からの集金業務で、担当していた老人の自殺に耐えきれず、退社した。その後派遣社員となり、電子機器の回路設計や修理業務に従事した。雇用は不安定で「派遣切り」にもあった。電気関係の入社面接も複数受けたが失敗。それまで身につけた技術は、「即戦力」の要求の前では何の役にも立たなかった。

転職のたびに収入は下がる。現在は飲食店でのアルバイトで月十数万円稼ぐが、家賃を除けば手元には4万円程度しか残らない。2人の子を生んだパートナーは生活苦を理由に出て行った。

学生時代に留学し、英語とスペイン語を覚えた。バイト先では調理師免許も取り、後輩からは頼られていると感じる。「自分には力がある」はずなのに、社会は認めてくれない。

時々思うことがある。「戦争は嫌だけど、何か社会がひっくり返るような出来事が起きたら……」

だが、現実を前にすると責めは自分に向かう。大学では友人より就職活動に熱心ではなかった。過酷な仕事に耐えきれなかった。派遣先では社員に反抗し、首を切られた。「結局、自分がだめだったということか」

「自分の人間力をどう評価するか」。そう尋ねると、少し迷った後に「結果を見れば、あったなんて言えるわけがない」と答え、大きくため息をついた。

③「甘えるな、乗り越えろ」——努力する意欲も失われ

努力すれば報われる。能力を高めれば誰もが活躍できる。生まれや身分に関係なく、個人がその能力によって評価される仕組みは、自由な社会の原則だったはずだが……。

「いかにも問題ありな感じですよね」。埼玉県に住む元会社員の女性(27)が、履歴書を前につぶやく。２０１５～２０１７(平成27～29)年。短期間に入社と退社を繰り返した記録が並んでいる。

母子家庭で生活保護を受けて育った。父親の違う弟には自閉症があった。周囲と異なる家庭環境を恥ずかしいと感じ、高校時代は引きこもり気味になった。「いつか自立してみせる」。奨学金を受けながら、私立大学に通った。

だが、周囲には裕福な家庭で育った学生が多く、会話がかみ合わない。親しくなった先輩に自分

の境遇を打ち明けると「あなただけが不幸なわけじゃない。努力で乗り越えないと。甘えてはいけない」と諭された。「恵まれた環境で育った人に言われても……」。反発だけが残った。

大学を卒業する間際、内定していた小さな広告会社から、一方的に契約社員への変更と給与の減額を告げられ辞退した。いくつかのアルバイトの後に就職したが、母親と離婚相手の男との金銭トラブルに巻き込まれて、仕事が手につかなくなり退社した。次の会社は業績不振で仕事が入らず、職場で手持ちぶさたな日々が続いた。

「もっとバリバリと働いて認められたい」。面接を繰り返し、東京のゲーム制作会社に転職した。夢見ていた職業の一つだった。面接官には「期待しているよ」と言葉をかけられ、新しい自分になれると希望を持って入社した。

しかし、中途社員は経験者ばかりで「仕事は自分で覚えて」と言われた。すぐについていけなくなり、ストレスで持病が悪化。職場で動けなくなった。上司に「体調管理もできない人には価値がない」「能力不足」と言われ5カ月で退社した。面接官だった上司には「期待外れだった」と吐き捨てられた。

人並みの努力はしてきたように見える女性の半生。成功者とは何が違ったのか。「振り返れば『克服しろ』『乗り越えろ』と努力を求められ続けてきた。現実には自分でもどうしようもないことがあるのに、それを口にすると『甘え』だと言われてしまう」。かつては貧困から成り上がるサクセスストーリーも夢見ていたが、「もう、仕事に夢は見ない」と語った。

今は貯金を崩しながらゆるやかに仕事を探すかたわらで、麻雀教室に通って指導を受けている。「一生懸命に自分や相手の手を考えている時間が楽しくて。それに麻雀だったら自分で頑張れば強くなれるかもしれない」

「それは自己責任だ」。2004（平成16）年、イラクで武装集団の人質となり、その後解放された若者3人に強烈なバッシングが向けられた。「戦争の悲惨さを伝えたかった」という3人の志には光が当たらず、政治家らの「危険な場所に行ったのは軽率だ」との意見を、世論は後押しした。

その後、「自己責任」は用いられる場面を変え、日本社会に浸透した。ワーキングプアや貧困高齢者ら格差社会の下層に落ち込んだ人たちは、事情も顧みられることなく「努力してこなかったのが悪い」と突き放される。

社会活動家で法政大学教授の湯浅誠(48)は「自己責任論は『努力したか、しないか』を問うが、努力をしても報われなかった人への想像力、そしてどうすれば努力できる意欲が持てるのかという議論が欠けている」と指摘する。

「死にたい」。東京の風俗店で働く麻理(仮名28)。2017（平成29)年、神奈川県座間市のアパートで男女9人の切断された遺体が見つかった事件で、殺人罪で起訴された被告と事件前にツイッターで自殺願望を語り合っていた。「仕事を辞めたい」「今ごろ結婚して子どもが3人いる未来を想像していた」。親しい友人もなく、一度も会ったことのない相手に、そんな心情を打ち明けた。

高校時代に両親が亡くなり、住む場所もなくなり、自立を余儀なくされてきた。彼氏の家から高校に通い、卒業後に別れた後は職を探したが、長続きせず、「少しだけ」と思い風俗店に勤務。そこから抜け出せない。数年前に一念発起して歯科衛生士の専門学校に通ってみたが、大勢の人と関わることに慣れず、すぐに辞めた。

まだ夢は持っているのか――。「だって8年も風俗で働いて、心と体がぼろぼろでほかの仕事は無理。それにいまから誰かと出会っても、この間のことをどう説明するの？　私にはもう、何も無い」。悲しそうに首を振った。

「能力主義」と「自己責任」がワンセットで用いられる時代。「全ての人に競争のスタートラインは平等に用意されている」と信じている人は、どれだけいるだろうか。

●オウム真理教　松本智津夫死刑囚がヨガサークルとして設立。松本サリン、地下鉄サリン事件を起こした。宗教法人の認証を受けたのは１９８９(平成元)年。弁護士一家殺害事件を起こすなど教団の犯罪集団化において象徴的な年だった。

●派遣切り　業績悪化などを理由に、人材派遣業者との契約を企業が打ち切り、派遣労働者が仕事を失うこと。２００８(平成20)年のリーマン・ショック後に頻発し、労働者支援のため「年越し派遣村」が開設されるなど社会問題になった。

●イラク日本人人質事件　２００４(平成16)年、イラク入りしたボランティア活動家ら日本人男女３人が武装集団に拉致された。３人は解放されたが、政府関係者のほか国民からも「軽率な行動のせいだ」

と非難する自己責任論が噴出した。

2 「○○力」格差の時代

① 常識の枠を超える力を求め──21世紀の日本は「地獄」

「21世紀の日本がどうなっているか、『天国』と『地獄』のシナリオを出そうじゃないか」

1984年に当時の首相、中曽根康弘(99)の主導で始まった臨時教育審議会(臨教審)。21世紀に目指すべき教育を議論した「第1部会」で、部会長だった元資源エネルギー庁長官の故天谷直弘は提案した。

時はバブル景気にさしかかるころ。だが、専門委員として参加した政治評論家の俵孝太郎(87)は「ばら色の未来を描く委員は、ほとんどいなかった」と述懐する。

経済成長はいずれ終わる。少子高齢化も進み、日本社会は行き詰まる。そんな「地獄シナリオ」を前提として、来るべき平成の教育の輪郭は形作られていった。

俵は「中曽根が当初思い描いたのは、戦前の旧制高校や東京帝国大学(現・東京大学)で自身が受けた教育を現代に取り入れることだったのだろう」と振り返る。80年代に比べると、大学など高等教育機関への進学率が極端に低かった戦前、エリートには古典を含む幅広い教養を身につけ、卒業後は国家を背負って立つことが求められた。

戦後の教育では一転して平等が強く指向されたが、臨教審はその流れに一石を投じた。中曽根と関係が深い委員らは「教育の自由化」を掲げ、旧文部省などと激しいさや当てを繰り広げた。答申の内容は「個性重視の原則」という穏当なものに落ち着いたが、関係者は「平等な教育より、優秀な子には卓越した能力を身につけさせたいというエリート主義がベースにあった」と指摘する。

急速に国際化が進展し、「学力一辺倒の画一的な教育では、海外を目指す優秀な人材は育たない」との危機感を、委員の財界人らは持っていた。

2006(平成18)年、未来のリーダー育成を目指す中高一貫の全寮制男子校「海陽中等教育学校」(愛知県蒲郡市)が開校した。英国の名門「イートン校」がモデルで、トヨタ自動車やJR東海など国内有数の大企業が出資し、初代理事長にはトヨタ名誉会長の豊田章一郎(92)が就いた。

三河湾に面する東京ドーム約2・8個分という広大な敷地の周囲には、高さ約2メートルの柵が張り巡らされ、防犯カメラが目を光らせる。携帯電話やスマートフォンの使用は禁止され、休日も敷地外に出るのは制限されている。

開校4年目、学校を揺るがす事件が起きた。当時の3年生(中3生)数人が警備員や防犯カメラの目をすり抜け、敷地外に「脱走」した。校庭の片隅にある雨水排水用の重い鉄格子を持ち上げ、コンクリート製の管を伝って数百メートル先の海へと抜け出す大胆な手口だった。

事件が発覚すると、生徒指導担当の金木健(50)は当事者を怒鳴り上げた。万一、海水が逆流するようなことがあれば、命の危険もあったからだ。ただ、内心では舌を巻いていた。

生徒らは管に海水が入る可能性を考え、事前に干潮の時間を調べていた。警備員の行動パターンを把握し、その隙を突いた。バレーボール用の膝当てを着け、寮の個室に備え付けの懐中電灯を手に狭い管の中を何十分もはって進んだ。

ようやく校外に出て、ポリ袋から取り出した私服に着替えて向かったのは、書店などのたわいもない場所だった。夜の点呼の時間までには寮に戻った。脱走した理由を聞くと「外に出たかった」「スリルを味わいたかった」と答えた。

現在、同校の名誉理事長に退いている豊田。気掛かりは、海外の大学を志望する生徒数の伸び悩みだという。「東大に何人も入ったと言って喜んでいるようじゃだめなんだ」

旧制高校での寮生活が自身を育てたとの思いから、海陽学園も全寮制とした。一定の成果は上がったとみるが、理想とは大きな隔たりがある。どうすれば常識の枠からはみ出すような「異能の人」が育つのか。その答えはまだ見つかっていない。

脱走事件について水を向けると、ほおを緩ませた。「そんなことがあったのか。本当に抜けられたのか？　いいんじゃないか。そりゃ、すごいな」

②「統率力」も測定可能に――模範解答はビジネスマン

ファミリーコンピュータと同じ1983年生まれの記者(35)は、家庭用ゲーム機と共に育った。大ヒットシリーズ「ドラゴンクエスト」のように、主人公を育てながら物語を進めるゲームが特に好きだった。行く手を阻む敵を倒すと「ちから」や「すばやさ」、「うんのよさ」といった能力値がどんどん上昇し、成長が見て取れる。学校を舞台にしたゲームでは、学力だけでなく容姿や魅力、根性まで数値化したものもあった。どんな能力も数値に置き換えられ、伸ばすことができるという発想には、以前からなじみがあった。

しかし２０１７（平成29）年、「ＰＲＯＧ（プログ）」という存在を知った時には、さすがに驚いた。大手予備校の河合塾と、リキャリア教育を支援するリアセック社が開発したマーク式テストだ。大学生が主な対象で、「社会に出て活躍するのに役立つ力」を測定できるとうたう。「統率力」「感情制御力」「自信創出力」など、計9項目の能力がそれぞれ7段階で表されるという。

そんな力が本当に測れるのか。半信半疑のまま試験問題を取り寄せた。

試験時間は40分だが、問題数は２００問を超え、直感で即答することが求められる。例えば、こんな2択から自分の考えに近い方を選ぶ。①感情に流されず、客観的な状況を分析して判断を下す、②客観的な情報よりも人の気持ちや人間関係に配慮して判断を下す――。どちらが正しいのか判断はつきかねるが、〝正解〟は前者になるという。仕事ができる若手ビジネスマン４０００人超の回答傾向に近いほど、能力が高いと判定される仕組みだ。

実際に受検すると「計画立案力」と「実践力」が最低の「レベル１」だと判定された。多くの大人と同様、人生で何百回ものテストを受け、不本意な結果だったことも少なからずある。でも今回の結果には、これまでとは異なる意味で戸惑いを覚えた。学力や体力の場合と違い、単なる能力ではなく自分の人間性に関わる問題を指摘され、改善を求められたように感じたからだ。

昭和から続く激しい受験競争は「学力だけで人を選別している」との批判を浴び、平成に入ると、人間性などを評価するＡＯ入試の取り組みも広がった。一方で、能力の判定基準が曖昧で客観性に乏しいとの指摘もある。

その点、数値で結果が出るＰＲＯＧは、記者が親しんできたゲームと同じで極めて明解だ。授業の前後で数値がどう変化するかを調べるため、ＰＲＯＧを導入した大同大学(名古屋市)の大学事務部長、児玉鉄男(62)は「測定することはすべての基本。結果を教育内容の改善につなげ、学生の力を伸ばすことで就職実績を高めたい」と話す。

受検者に配られる「ＰＲＯＧの強化書」には、さまざまな力を伸ばすためのいくつものノウハウが記されている。例えば「協働力」を上げるには「ボランティア活動に取り組む」のが一つの方法とされる。

大同大学2年の女子学生(20)はこれまでに二度受検した。「強化書」も参考にして、数値が低かった「計画立案力」を中心に伸ばそうと考えている。「マークシートを塗りつぶすだけで能力を把握できるのは信じられない気もするが、それだけ手軽に自分が分かる時代になったんだなと思う。将来を考えると、どんな力も上げていって損はないはず」と前向きに語る。

測られている力は能力なのか、それとも性格的な傾向なのだろうか。数値化の魔力はそんな素朴な疑問も吹き飛ばす。２０１２(平成24)年にスタートしたＰＲＯＧは、年間３００大学の15万人が受検するまでに拡大した。

学歴信仰へのアンチテーゼを提示したかったというリアセック代表取締役の松村直樹(54)は「人を評価する物差しは、たくさんあった方がいい」と強調し、就職試験での活用も視野に入れる。遠からず「人間力ランキング」も実現しそうな指標の登場は、私たちをどこへ導くのだろうか。

③ 子どもの感性も金銭次第？――「超業績主義」時代に突入

子どもたちが笑顔で行き交う廊下の壁には、プロの画家が描いた何枚もの絵が飾られている。淡い色彩の静物画、鮮烈な色合いの抽象画――。相模原市にあるＬＣＡ国際小学校の校舎は、さながら小さな美術館のようだ。

６年の桜田麗実菜《れみな》(12)は休み時間、花瓶に挿した花の絵の前で足を止めた。花の輪郭が角張っており、中には渦巻きが描かれている。色にも統一感がない。現実の花とは似ても似つかないのに、不思議な美しさを感じる。絵にはそれぞれ個性があり、画家の見た世界が凝縮されているよう。「もしも他の人や動物だったなら、景色はどう見えるのだろうか。そんな想像をしてしまう」。常識にとらわれることのない発見を、画家たちの絵は日々与えてくれる。

子どもたちの感受性の豊かさは授業でも見て取れる。２０１７(平成29)年10月、４年生の図工の授業を指導した画家の大和田いずみ(45)は子どもたちの自由な感性に驚いた。

架空の生き物を自由に描くという課題を与えると、子どもたちは大和田の持参したプロ用の画材や小道具を興味津々の様子で手に取り、グループで話し合いながらそれぞれの絵を完成させていった。

誰に指示されるともなく、小道具のボクシンググローブに付けた絵の具を紙にたたきつけて背景の宇宙を描いたり、毛糸を貼り付けてラーメンを表現したりする。大和田は「同世代の子どもはうまく見せようとお手本を探しがちだが、ここでは似ている作品がない。自分の表現したいものがあり、ストレートにぶつけている」と舌を巻いた。

この小学校は、英語教育や中学受験対策に加えて芸術教育にも力を入れる。人工知能(AI)が急速に発達し、人間から仕事を奪うとされる「第4次産業革命」が進展する現代では、新しい価値を生み出す創造力が鍵になるとみているためだ。

基礎学力や知識量といったペーパーテストで測定できる能力の高さが、学歴や雇用に結びついていた戦後の日本。しかし、定型的な製品を速く正確に大量生産できればよい時代は終わった。「受験学力を身につけ、努力さえすれば対処可能だった『業績主義』の時代とは異なり、現代は多元化した能力が求められる『超業績主義』に突入した」と指摘するのは、東京大学教授(教育社会学)の本田由紀(53)だ。「昭和と違って、東大生も勉強しかできない人は評価されなくなった。付加価値として求められる創造性やコミュニケーション力といった力は、性格や人格と切り離すことができず、勉強では身につきにくい」と話す。

芸術教育のような特別な環境が用意されるのは、富裕層の子どもに限られる。コミュニケーション力は、両親らとの日常会話の量や質にも左右されると言われる。こうした能力の習得に大きな役割を果たすのは家庭環境で、さらなる階層化の引き金になるのではないかと懸念する声もある。

記者(36)が別の取材で訪れた過疎地にある全校児童数十人の小規模小学校は、自然豊かな環境の中にあった。学校近くの森には、自然体験に都会から大勢の小中学生が訪れるという。「創造性を身に付けるには最高の環境ですね」と校長に話しかけると、「ここの子は興味ないですよ」とゲームをするしぐさが返ってきた。

聞くと、過疎地域に暮らす親の多くが長距離通勤や貧困などの課題を抱え、子どもの教育への関心は相対的に低いという。総合的学習の時間などを使い、学校で自然体験を通じた学習を進めているが、限界も感じる。校長は「都市部の保護者の方が自然体験の持つ教育的価値を理解している」と苦笑いした。

２００８(平成20)年に株式会社立で開校したＬＣＡ国際小学校の入学金は１００万円。自然体験を含む多数の校外行事を行い、年間の授業料や教材費などは１５０万円近くに及ぶ。在籍する児童はおのずと、医師や経営者らの子が多くなる。

ＬＣＡ国際小学校の運営法人学園長、山口紀生(64)は、格差が次世代に引き継がれる可能性を認めつつ「自らの感性を頼りに未来を切り開く若者を育てるには金銭的な後ろ盾が今はまだ必要だ。リーダーとなった子どもたちが、世の中を良い方向に変えていってほしい」と期待を込めた。

バブル景気　1986年から1991(平成3)年にかけ、51カ月にわたって続いた景気の拡大期。平成景気ともいう。低金利政策でカネ余りとなり不動産価格が高騰、1989(平成元)年12月には日経平均株価が史上最高値を付けた。

AO入試　学力重視の従来型入試に対し、書類審査や面接などを通して、受験生の能力や適性を総合的に評価する選抜方法。日本では1990(平成2)年度の慶応義塾大学が先駆けで、2017(平成29)年度は計554大学が実施した。

第4次産業革命　2010年代以降、最新の情報通信技術や人工知能などを核として、生産効率を飛躍的に高めようという世界的な技術革新の動き。蒸気機関の発明による第1次産業革命などに続く変革期と位置づけられる。

3　「障害」を生きること

①「この子は働けるのか」——共生の陰で優生思想も

軽快な音楽が流れ、家族連れでにぎわう関東地方の商業ビル内のカフェ。2016(平成28)年、30代の夫婦が先天性の障害がある生後3カ月の息子を連れてきた。民間の養子縁組団体に託すために。ベビーカーでにこにこ笑う男児は、今日が別れの日になることを知らない。

「妻が前向きになれない以上は育てられない。ベストではないがベターな選択」。記者の問いに、夫は答える。妻は涙を流して男児にミルクを与え「20年間、実父の介護をしてきた。そのトラウマがあり育てられない」と語った。

「ほかの障害だったとしても同じ行動を取りましたか」。団体の代表が問うと、「治らないなら一緒です」と夫。

「ごめんね。ごめんね」。夫婦は男児に声をかけ、空になったベビーカーを押して立ち去った。残された男児は女児用のお古を着せられていた。団体のスタッフが抱きかかえ「残念だけど、あのまま育てられたらこの子がかわいそう」と小さい手を握った。

1988年に始まった特別養子縁組制度の歴史は、そのまま平成という時代に重なる。父母による育児が「著しく困難または不適当であること、その他特別の事情がある」場合にのみ制度は適用される。

多くは不倫や、中高生、風俗店勤務の女性などが「想定外の妊娠」をし、人工中絶は選ばず、またはその期限を過ぎていたため、産んで他人に託すことを選択した女性だ。

だが記者(42)が取材を進めていると、生まれた後に「障害」が分かったため、子どもを手放そうとする親が少なくないことに衝撃を受けた。養子縁組団体スタッフの奥田幸世(34)によると、「ほとんどは産んだ直後に障害が分かり、動揺して電話をしてくる」という。だが相談に来ても、実際に養子に託す親は少ない。「育て始めてみると、母乳を飲んだり、声をかけたら笑ったり。『思っていたよりも、普通のことができる』と言って思い直す親が多い」

ただ、障害のある子どもを持つことで、「介護に手がかかるのでは」「仕事が続けられるのだろうか」と、自分が今の社会的地位から転落するような恐怖を感じる親もいる。

そしてもう一つ、子の能力に対する不安を口にする親もいる。「将来この子は働けるのか」「自立できないのでは」。成長、進学、就職……。夢見た「子育て」が崩れたと感じ、子を手放す。

一方の託される養親たちも、自身に子どもがなく、養子を迎えることで「理想の子育て」をしたいと考えている親が多い。それ故、重い障害を抱えた子ほど、引受先がないという過酷な現実が待ち受ける。

この子の場合は、幸いにも全てを受け止めてくれる夫婦に引き取られた。ただ全国の乳児院や児童養護施設には、障害があり、親に育てられない子どもが今も多数暮らしている。

昭和の時代。障害児への偏見や能力差別は、公に存在していた。本人の同意を必要とせず、知的障害者らに不妊手術を施すことを認めた旧優生保護法(1948年施行)は「不良な子孫の出生防止」を目的として、1996(平成8)年まで生き永らえた。

遺伝するとは限らないのに、「障害のある子が生まれる可能性」だけで排除が正当化される。社会が被害者の声に耳を傾けるようになったのは、ごく最近だ。

平成に入ると、障害を個性として認める意識は広がった。「バリアフリー」「ダイバーシティー」「インクルージョン」――。障害者の権利を認め、多様性を奨励する横文字も浸透した。

だが、自身も脳性麻痺《まひ》の後遺症がある障害者の東京大学准教授で医師の熊谷晋一郎(40)は、楽観視できないと感じている。「日本には働かざる者食うべからず、という価値観が根強く残っている。社会に貢献しなければ分け前が来ないと思えば、人は分け前を得ようと、能力にことさらの価値を求めてしまう。それは優生思想にもつながる発想だ」

② 自立の裏で発生する勝ち組・負け組──「ありのままを愛したい」

「障害のある子たちのダンスがすごいぞ」。徳島県阿南市の田畑が広がる中に建つ住宅。テレビのチャリティー番組を見て、声を上げた夫を福井公子(67)は無視する。確かに、障害がある人たちが頑張っている姿は素晴らしい。見てみたい。でも一方で「活躍する障害者ばかりを持ち上げる世間の風潮に、そう簡単に乗せられるものか」というあまのじゃくな気持ちが働く。

地域の小学校が障害児を受け入れ始めるようになった昭和の終わり。重い自閉症と知的障害を持つ次男の健治(42)に「ほかの子たちと一緒に学び、将来は働く人になってほしい」と望んだ。

数字や文字の理解、書き方、「電話」というものの認識。視覚や聴覚と体の動きを一致させる感覚を身につけさせようと、庭には本格的なブランコを作った。「あのころは健治が昼寝をしている間ですら、教える時間が奪われると思えてもどかしかった」

だが、公子の懸命な努力にもかかわらず、健治の理解は進まず、そのうち激しく抵抗した。持たされた鉛筆は投げだし、時折パニックのような症状も示した。ちょうど平成に入るころで、健治は中学生になっていた。

通常の方法では意思疎通がほとんどできない、わが子の心の声を聞いたのは、障害者の著書を読んだときのことだ。「できないことを求められる」「努力させられることがつらい」。「人一倍の教育ママだった」という公子は次第に、ありのままの健治を受け止めようと考えを変えた。数字や電話の「教材」は押し入れにしまい、ブランコは物干し台になった。

「働ける」障害者の就労や社会参加を進める動きは、昭和の時代から進められてきた。1976年、法律により民間企業は身体障害者を一定の割合で雇用することが義務となった。その後、障害者雇用促進法により、1998（平成10）年からは知的障害も対象となった。

一方で、公子はもう一つの大きな社会の変化を感じてきた。2005（平成17）年、障害者自立支援法（現・障害者総合支援法）が成立。法律には福祉サービスの利用者負担増と就労支援政策が盛り込まれ、障害者は経済的な自立を求められるようになった。

そのころ、公子は障害者の家族会の会長になり、啓発や相談活動に携わるようになっていた。親同士では、就労に関する話題が増えた。「作業能力が低いと不利」「特技があればいい」「あそこは1年前から内定が出ているらしい」。障害者の間にも、勝ち組と負け組が生まれた。

昭和の長い間、障害者はそっとしておかれる存在だった。働く場所も作業所などの閉ざされた環境が多かった。平成に入ると、雇用促進の成果もあり、接客やサービス業にも活躍の場が広がった。

重い障害のある障害者運動に長年携わってきた和光大学名誉教授の最首悟（81）は「その半面、障害者も働いてこそ価値があるとみる風潮が生まれた。それは働けない障害者を追い詰めるような力を持っていた」と指摘する。

多くの障害者やその家族と付き合ってきた公子も、障害者が働くことで幸せを感じられる環境は望ましいと思う。でも、時に心はざわつく。「障害者同士の能力比べは、今も私の襟首をつかみ、ありのままの息子を愛したいという目指すべき道を、ますます見えにくくしてしまう」

２０１７(平成29)年11月、記者(42)が自宅を訪ねると、夕刻に健治が通所施設から帰宅した。身長もすらりと高く、髪形も整えられている。だが、あいさつには言葉を発せず、テーブルに座り公子が作った好物のすき焼きとご飯を5分でかき込み、2階の自分の部屋へ駆け上がっていった。

「外見は特に変わったところがなくて、普通のことができるように見えるでしょ。だから余計に、知らない人は健治の突然の行動や、大声を出すことに驚くのよね」。こちらの思いを見透かしたように、公子は穏やかな顔で話した。

③ ダウン症の子、私が育てる──「引き算でなく足し算で」

「おめでとう!」。２０１６(平成28)年12月、実親が育てられないとして、養子縁組団体に託されたダウン症のある生後間もない男児が、茨城県の会社員、大川貴志(46)夫妻の元に託された。生まれ故郷から遠く離れた家の玄関で、養親仲間が拍手で迎え、夫妻は上気した顔で男児を受け取った。新しい父の抱っこが慣れないのか、男児が泣きだす。大川の妻が抱きかかえると、静かに泣きやんだ。陽光が差し込むリビングには、この日のために買い込んだ真新しいおもちゃが山のように置かれていた。

テーブルに並べられたお祝いの食事を食べ終えた後、縁組団体から今後の手続きの説明を受け、夫婦は「不安もあるけど、今はこの子がうちに来てくれたことがとにかくうれしい」と語った。

それから1年たった2017(平成29)年末。記者(42)の取材に対し、夫妻に抱きかかえられて現れた男児は、よく笑う子に育っていた。「障害の影響で鼻が詰まりやすいのか、毎晩2時間おきに起こされて」。育児のつらさを語りながらも妻は笑顔を絶やさない。

大川は社会人学生だった10年ほど前、卒業の課題のため2年間、東京でホームレスの話を聞いて回ったことがある。「頑張らなかったダメな人間と言われる」「モノのように扱われる」。社会が押しつける価値観に、押しつぶされそうになっている彼らの表情を、今も思い浮かべる。

結婚後、子どもができなかった夫妻は不妊治療の末に、養子縁組団体に登録した。養子となる子が現れれば連絡がくるが、どんな子どもが来るのかは直前まで分からない。運命の巡り合わせと、その後の子育てに心を弾ませながら、連絡を待った。

その縁組団体にある日、ダウン症のある子が託された。実の両親が子育てや将来への不安などを理由に、手放すことを決めたという。団体側も自分たちで育てるよう説得したが、意志は固く、養親を探すことになった。最初に打診した家庭には断られた。

「順番では次はあなた方夫妻です」。大川の元には、団体から事前に意向を尋ねる連絡があり、どうするべきか考え込む日が続いた。

「社会的には劣っているとされる存在。でも、それはあくまで社会の価値観ではないのか。このままでは、この子はずっとたらい回しになってしまう」。再び団体からの電話が鳴ったとき、夫妻は即座に承諾した。

受け入れを決めた後に、ダウン症についてあらためて詳しく調べてみた。知的障害がある可能性が高い。成長が遅い。能力への懸念。「できないことばかり考え始め、不安な気持ちが頭をよぎった」。将来への心配を抱えて手放した実親の気持ちが、少し分かった気がした。

2016(平成28)年に相模原市で起きた障害者施設の殺傷事件からまだ日が浅かった。重度障害者を指し「役に立たない」「不幸しか生み出さない」とする被告の主張に社会のゆがみを感じ、「生産性だけで人は判断されてしまうのか」と不安は募った。

悩んだ末に出た答えがある。「この子は能力的にはゼロ。何もできない子なのだと思うことから始めよう」。健常者の標準から引き算するのではなく、できたことを足し算で考えていこう。気持ちは少し、軽くなった。

離乳食を食べる。立ち上がるしぐさを見せる。声を発する。祖父が仏壇に手を合わせると、寄り添ってまねをし、一緒に小さな手を合わせる。普通の子には当たり前のことが、人一倍うれしい。

「でも今は、家庭の中にいるからそう思えるのだろう。外に出れば、健常な子とも、障害のある子とも出会う。あれができない、これができると比較してしまうのかもしれない」

テレビで自閉症のある人が華やかな色合いの絵を描いているのを見て、感心した。パラリンピックで活躍する障害者の姿を見て、将来この子もこういう活躍ができたらいいなと思う。「結局、高い能力に憧れる気持ちもあるのかな」。少し複雑な表情を浮かべ、こちらを見た。

特別養子縁組　１９８８年に始まった原則６歳未満の子どもを養父母と縁組する制度。実親が育てられない子を家庭的な環境に迎え、安定した成長につなげる。児童相談所のほか、公的に届け出た民間団体が橋渡し役をしている。

障害者自立支援法　２００５(平成17)年成立。福祉サービス利用料が原則１割自己負担となり、障害の重い人ほど負担が高まるとして障害者が反発。２０１２(平成24)年に支払い能力に応じた負担に変更され、法改正で「障害者総合支援法」に名称変更された。

相模原殺傷事件　２０１６(平成28)年、相模原市の知的障害者施設「津久井やまゆり園」で入所者19人が刃物で刺され死亡、職員２人を含む26人が負傷した。逮捕された元施設職員の男は「意思疎通できない人を刺した」と供述した。

第I部　揺れる「人間」の価値

第2章　本当の「自分」を探して

自宅の外壁にカメラを設置した山本訓三氏
(2018年2月，京都市中京区)

インターネットや会員制交流サイト（ＳＮＳ）の登場で、地理的、時間的制約から解放された「平成人」は、自らの可能性を大きく広げることに成功した。半面、常に他人の目を意識しなければ生きられないという宿命も背負い込むことになった。個性が重視され、誰とも違う「オンリーワン」を夢見た果てに、私たちはどこにたどり着いたのか。

1　「自分」を見せる、「自分」を変える

①　期待されるイメージを追求――現実とのギャップが少し怖い

スマートフォンの画面には、創作途中の詩が打ち込まれていた。

「僕よりカッコイイ人も　僕より優しい人も　僕より素敵な人も知ってるくせに　なんで僕と一緒にいるの？　って聞いたら　『君よりいとおしい人を知らないから』って返す僕の彼女イケメンすぎる」

正直に言えば、少し気恥ずかしくなる内容だ。失礼のない感想は何だろうか。記者（29）が一瞬考えて黙っていると、作者のわたらいももすけ（21）は恥ずかしそうに笑った。「女々しい男って感じですよね」。同じように感じていたと知って、少し驚いた。

しかし、わたらいがこの詩に女性をモデルに撮影した写真を添付してツイッターに投稿すると、たちまち約８０００の「いいね」が付いた。このぐらいの反響は日常茶飯事という。

わたらいは東京でＩＴ企業に勤めるサラリーマンだ。一方でインターネット上では「ＳＮＳクリエイター」と名乗り、詩や写真、動画やイラストを作って定期的にツイッターに投稿している。高校生だった２０１３（平成25）年から、宮崎市の実家でひっそりと始めた習慣だ。その投稿が人気を集めた。フォロワー（読者）は８万人を超え、大きな影響力を持つようになった。

ツイッターを始め、ユーチューブやブログなどを通じて、ネット上で一般人が発信するチャンスは急増している。創作物や写真、体験などを誰でも投稿できる時代になった。

記者はわたらいを始め、年代の近い20代の人気ユーチューバーやブロガーに、同じ「発信者」として興味があった。時に大手メディアを凌駕するその影響力に、少し羨ましさを感じている。彼らの内面を知りたいと思った。

「自分のキャラを作り込む必要はありますね。ふわふわとしている優しい男の子で、少し女性的な性格という設定にしています」。わたらいはヒットの理由を淡々と説明してみせた。

設定したキャラクターは自身の性格の一部を反映しているが、そのままの自分を発信するのではなく、「フォロワーが求めているイメージを大切にしている」という。続く説明はまさにマーケティング戦略とでも言うべきものだった。

わたらいはまず、初期の投稿に「いいね」をしてくれた人のプロフィール欄を分析した。するとファンは若い女性が中心と分かってきたため、テーマを恋愛や人生観に限定することにした。最初はイラストの投稿が中心だったが、それにもこだわりすぎない。途中から評判の良い詩を中心に切り替えた。顔は出さず、ペンネームは全てひらがなにして柔らかい印象に仕立て上げる。懸賞も企画して、当選者には似顔絵をプレゼントする特典を設けるなど、ターゲットを分析して工夫を重ねていった。

インターネット環境の発展がわたらいにチャンスをもたらしたことは間違いない。服装や車といった外見に頼らなくても、自分という存在を定義づけて、それに沿って発信する内容を設定し、主張することができる。「直接的に、インスタントに世の中の反応が分かる今の時代だからこそ受け入れられた」と自己分析する。

一部の人に批判されても大きなショックは受けない。膨大な「いいね」や「フォロワー」の数は、それだけ世の中に承認されたことの証となってわたらいを勇気づける。

古き良き昭和の時代を20代の記者も想像はできる。「巨人、大鵬、卵焼き」に代表されるような通俗的な価値観は、一つのことに皆が熱狂している様子が想起され、楽しそうにも感じる。

万人に共通の理想や目標があれば、生きやすさもあっただろう。一方でそんな価値観に縛られることに窮屈な感覚もある。誰でも発信できる現代では、他人と自分を同じ土俵で比べて競争しなくてもいい。

だからこそ、わたらいは人気者になった過程を説明してくれたのだ。やり方を教えて物まねされても、わたらいが自らの内面の一部を晒して築き上げたブランドイメージは、簡単には揺るがない。「実際に会った人に『イメージと違う』と言われるのが少し怖いんですよね」。わたらいはふと漏らした。確かに理路整然とした受け答えと詩の内容にはギャップがある。でも「自分の思考を詩として言語化できているという確かな満足感もある」と言う。この満足感こそ、ネット上に発信者があふれる理由だろう。

わたらいは２０１８(平成30)年1月末に会社を辞めた。ツイッターに投稿した作品を契機にクリエイターとしての仕事の依頼が絶えず、独立を決意したという。自分の作ったキャラに縛られながら、一方でそのキャラによって一歩を踏み出す自由を手に入れた。

②「どこかに響く人がいる」——ミャンマーからブログを発信

ミャンマーの最大都市ヤンゴンの北約６００キロメートルの道のりを、飛行機とタクシーを乗り継いでたどり着いた。同国内でも「田舎」に分類されるシャン州の町に、ソーシャルビジネス会社のスタッフ加藤彩菜(27)は住んでいる。「タイムスリップしたみたいな生活ですよ」と苦笑いしながら出迎えてくれた。

川崎市で生まれ育った加藤は約3年前、この町に移住した。近くの湖には小さな木船が行き交い、周囲は漁や農業で生計を立てる人が多い。電力供給が不安定で、川で洗濯する人の姿も日常的だ。加藤はこの町でミャンマー人の夫(29)と結婚し、長女(1)にも恵まれた。

「2年前から始めたブログでの情報発信が支えになっています。なかったら、寂しくて閉じこもっていたかも」。まだインフラ整備が途上のこの町で、優先的に導入されたのがインターネット環境だった。2014(平成26)年ごろから、携帯電話会社の基地局が設置され、高速通信ができるようになった。加藤は情報の収集と同様に、発信もできることが重要だと強調する。

記者(29)はそのブログを読んで加藤の存在を知った。加藤が書き込んでいたのは町の生活で感じた驚きや喜び、寂しさなどの感情が中心だった。ある記事には「発展していく世界に、心が追いつかない。そんな私は、何もないミャンマーに逃げて来たのかもしれない」と、内面の葛藤を率直につづっていた。

何かのノウハウを説明する記事や、多数のアクセスを狙うための話題作りなどは皆無だ。それでも記事には読んだ人から「あなたの書く文章に勇気が出ます」と感謝のコメントが寄せられていた。日本からは簡単にたどり着けないシャン州の町で、加藤は何を思って「発信」しているのか興味を持った。

記事の内容はいわゆる「情報」ではないし、かといって独り言でもない。これを加藤は「ほとんど気持ちの備忘録のような感じ」と説明した。だが一方で「ターゲットはいないけど、どこかに言葉が響く人がいるなということは何となく分かる。本当に少し力になれたのならうれしい」とも言う。

文章を書くという行為は加藤にとってどんな意味があるのか。きっかけを尋ねると、加藤は中学生の時のいじめを思い出した。いじめの対象になった時期、家に帰ると怒りが収まらず、ノートに「なぜ私なんだ」「なんで無視されるんだろう」と気持ちを書き殴った。それ以来、しばらく日記をつける習慣ができた。天気から片思いの人のことまで書いた。

「どこにも出せない感情を、誰にも迷惑をかけずに吐き出すような感覚だった」と当時を振り返る。書けばすっきりしてストレス発散になったが、それで終わり。ブログでは「人に伝えるために、モヤモヤの感情を一つ一つ文字に変えていく必要がある。その過程で頭が整理されるし、誰かの役に立つ可能性もある」と比較する。不特定多数が読むかもしれないというブログの特性が、デジタルネーティブ世代の加藤にはしっくりきた。

ミャンマーでの生活に加藤は満足している。出会って少し雑談しただけで「俺たち家族だよな」と無邪気に言い合う町の人との距離感に、次第に包み込まれていったからだ。日本での人間関係に閉塞感を覚えたこともある加藤にとって、物事に執着せず、助け合って暮らすこの町の人たちとの生活は性に合っている。

ただ、インターネットがなかったなら、長期滞在という選択ができたか分からない。生まれ育った日本以外の場所で住むことを可能にしたのがインターネットであり、ブログでの発信だった。「どうしても寂しさはありますから。でもブログで自己表現して誰かとつながっていられるから、この町にいること自体をポジティブな状態に転換できる」と分析する。

ブログを始め、ツイッターやユーチューブを戦略的に活用して発信する人がいる一方で、加藤のように肩肘を張らない発信者にとっても、インターネットは必要不可欠なインフラになっている。実際の生活の場とは別の世界をネット上に形成することで、生きやすくなった人は少なくない。

③「もうモノは必要ない」——変化の時代、着脱自由に

書店で平積みされたその本を、吸い寄せられるように手に取ったことを覚えている。タイトルは挑戦的に言い切っていた。「ぼくたちに、もうモノは必要ない。」。京都府に住むライター佐々木典士(38)は2015(平成27)年に出版したこの著書(『ぼくたちに、もうモノは必要ない。——断捨離からミニマリストへ』ワニブックス、2015年)の中で、「ミニマリスト」(最小限主義者)と名乗っていた。英語で最小限を意味する「ミニマム」から派生した造語が、刺激的で格好良く思えた。立ち読みしながら、気付けばレジにいた。

読み進んでいくうちに「そうそう、分かる。自分もミニマリストになりたい」とうなずいた。偶然気の合う仲間に出会って意気投合したかのように、胸が高鳴った。その後、著書の売れ行きは好調で、「ミニマリスト」という言葉は社会にじわじわと広がった。

佐々木の生き方にならって、記者(29)も持ち物を減らして生活し始めた。旺盛だった物欲の悩みから解放され、すっきりしていた。だから、取材で佐々木の京都の自宅に行く時は、憧れの先輩に会うように少し興奮していた。

佐々木は1年前まで出版社の編集者で、芸能部門に所属していた。ミニマリストになったきっか

けにじっくりと耳を傾けていたら、著書には書いていないという心の深層を語ってくれた。仕事の現場で疑問がわいたというのだ。

「芸能人で若くて美人でお金もあって、物もたくさん持っている女の子が、最初は天使みたいだったのに、すごく嫌なやつになったり、イライラしていたり、幸せそうじゃなくなることが多くて、これは何だろうと考え始めた。本当は幸せなはずじゃないですか」

彼女たちは時間に追われ、いろいろな人にチヤホヤされ、目の前の一人一人に対応できなくなっていったという。ストレスで買い物をし、すぐに飽きて「幸せ」のハードルが上がっていく。佐々木はそれを目の当たりにして「幸せ」とは何か考え始めた。「翻って自分はどうだ」と。

佐々木が当時一人で暮らしていた東京・目黒の自宅は、物でごった返していた。買い集めた本にCD、服にカメラのコレクション。テレビやスマートフォンからは、どんどん情報が押し寄せてくる。あらゆるモノに囲まれてリラックスできない。むしろいら立ちすら感じている――。

２０１３(平成25)年、思い切って家の中の処分を始めた。自分にとって本当に大切な物か真剣に考えながら作業を進め、最終的には入居前のようながらんとしたワンルームになった。衣類も数着を着回せば事足りる。必要な物は想像以上に少なく、持ち物で自分と他人を比較する必要がなくなって穏やかな気分になった。

「大事な物を手放すと、物事の反対のことにも価値があると気づいた」と佐々木は語る。物があれば利便性などの価値が生まれるが、物がなければ身軽さなど新たな価値が得られる。退職して独立する価値にも気づいたし、東京を離れる価値にも興味を持った。物にあふれた自宅でがんじがらめになっていたころには考えられなかった行動力が生まれていた。

あふれるほどの物に囲まれた生活を希求する「昭和の価値観」は、今でも世の中に残っていると感じられる。だが、佐々木は「ミニマリスト」を提唱した著書が受容された背景には「断捨離」の流行や、２０１１(平成23)年に発生した東日本大震災があったと分析する。家や車が津波で流される光景を目にし、所有への価値観が揺らいだ人は少なくなかった。そこにインターネットの発達が重なり、「モノを減らせる環境」が整った。

佐々木の考えるミニマリストの生き方は、決してやせ我慢をしたり、欲望にふたをしたりすることではない。記者もミニマリストになってからその魅力を周囲に紹介する際、「その生き方ではつまらなくないか」とよく勘違いされた。

例えば佐々木は京都に引っ越してから、野菜の栽培や日曜大工に関心を持ち、必要な道具を新たに買いそろえた。一度持ち物を厳選したことで、身軽になって新たな世界に興味を持つ心の余裕が生まれた結果だ。不要になればフリーマーケットアプリなどを通じて次の人に譲る。物を社会で循環させられる環境も整備された今、安心して持ち物を増減させながら生活できる。

「必要なモノはその時々で変わっていく。変化の多い時代に対応するように、自分をいろんなものが着脱可能なモジュールみたいにしておけばいい」。その時々のミニマムを、自分で吟味して定義する。佐々木が提示したのは、昭和から平成への転換期を生き抜くための処方箋だと思った。

ツイッター　2008（平成20）年に日本語版を開始した短文投稿サイト。英語で「（鳥が）さえずる」の意味で登録すれば1回当たり140文字までの文章や画像、動画を投稿して公開できる。著名人から市民まで幅広く情報発信している。

デジタルネーティブ　物心がつくころにはパソコンや携帯電話などが身近にあった世代を指す。特に平成生まれの世代は、普及したインターネット環境に親しみ、小型化した端末で写真や動画の投稿にも積極的。学校の授業でも活用が進む。

断捨離　物に対する考え方を表す言葉で、提唱者のやましたひでこによると「不要な物を断ち、不適な物を捨て、不快な物から離れて自在になる」こと。生き方の指針としても広がり、2010（平成22）年の流行語大賞の候補になった。

2　監視・管理される「自分」

①　何でも記録する欲求に導かれて――過去データが先回りして指示

「足の爪を切って」。パソコンのディスプレーに、突然「やるべきこと」が浮かび上がった。

東京都のプログラマー美崎薫（52）に指示を出すのは、自身の過去の生活を記録した「ライフログ」に基づくシステムだ。蓄積したデータは、広辞苑にすれば4000冊以上という4テラバイトにも及ぶ。爪を手入れした時期を解析し、必要があれば本人に先回りして指示が出される。美崎は導きに従って、爪切りに手を伸ばした。

美崎が人生の「記録」を取り始めたのは8歳のころ。最初は昭和のアクション番組「仮面ライダーＶ3」のあらすじだった。家族にもらった手帳に「主人公の家族が死んだ」と書き込んだ。

それから45年、平成になって記録する先は紙からハードディスクに変わったが、行った場所や会った人物、食べた物、見た映画、細かな買い物まで記録をし続ける。「日記」ではなく記録であることを意識し、感情的な表現をできるだけ避ける。行動には時刻を必ず添える。データを残すのは、もはや欲求のようなものだ。

人間の生活に関する詳細な記録は「ライフログ」と呼ばれ、２０００年代前半に米マイクロソフトなどの研究で知られるようになった。自らの日常を記録し、インターネットで発信するのも一般化した。

東京学芸大学の社会学者、浅野智彦(53)は「記録には意識というバイアスがかかっていない分、より正確に過去が刻まれている。ただ、感覚を重視し、客観的ではないはずの記憶を信じる心理も人にはある」と指摘する。

ライフログのシステムは記録にとどまらない。日常の行動パターンを解析し、歯ブラシを補充するタイミング、気温に合った給湯温度などをパソコンの画面や携帯端末に表示する。メールに食洗機の話題を書くと、自動的に説明書を開いて提示してくる。次々と出される指示が時に面倒に感じられることもあるが、美崎はシステムの便利さの中で生きている。

記録から行動を先読みし、「なすべきこと」が提示されるさまは、インターネット通販大手アマゾンが商品をお薦めするシステムにも似ている。閲覧履歴や購入記録が収集され、データ化された「自分」を足がかりに示される「おすすめ」に、違和感を持つ人は少ない。

美崎のライフログは、自身の膨大なデータを蓄積した「もう一人の自分」と言える。提示する行動は自身が本来持っている欲求に沿ったものが多い。美崎も「元から好きなものが、さらに好きになっていくだけで、記録が提示する内容には幅がないことも感じる」と語る。データに「美崎薫」という人間の枠組みを決められている感覚は、常に消えない。

システムは知人の誕生日に機械的にお祝いのメールを送信するが、自動メールと気づかずに丁寧な返信をくれる人もいる。「自分とシステムの区別がついていないのだな」と思うこともある。

そんな美崎がライフログを活用し「ハードディスクの中の自分」に従う生活を送るのは、雑事を考える時間を減らし、自分がやりたいことをするためという。

自由になった時間で挑戦したかったのは「後方宙返り」。４カ月かけて見事に習得した。宙返りの喜びは、自分の内面だけに記憶されていく。「そこで得た身体感覚や『勇気が必要』という経験は、データからは導き出せないものだった」。ライフログのない生活は考えられない美崎だが、「本当の自分は、かせを外したところにいるのではないか」と感じている。

②監視と隣り合わせの安心――「慣れ」が違和感ぬぐう

東京都北区、JR十条駅にほど近い居酒屋。久しぶりに集まった友人との飲み会が始まってすぐ、夫(33)のスマートフォンに妻からのメールが届いた。「どうして十条なんかにいるの?」。妻は衛星利用測位システム(GPS)で位置情報を共有できるアプリを使って夫の居場所を把握していた。予定外の行動をとがめられた夫は、便利なシステムが、監視と隣り合わせだと実感した。

夫婦がお互いの位置を共有し始めたのは、結婚直後の2012(平成24)年。仕事で移動することの多い夫が「現在地が分かれば便利だし、妻も安心する」と考えたのがきっかけだった。

居場所は主に妻がチェックする。出張先で宿泊したホテルでベッドに腰を下ろそうとした瞬間、夫に電話がかかってきたこともある。位置情報を元に電話やメールが来るのを「最初は常に監視されていることに気持ち悪さがあった」と話す。周囲からも「平気なのか」と心配されたが、半年ほどで監視下にあるという感覚は薄れていった。

「位置情報を提供しますか」。記者(39)はスマートフォンからの問いかけにいつも迷う。便利さの代償に何かを失っていると感じる一方で、それを言葉にできないもどかしさ。常に誰かに見られていると、人間のありようは変化するのか知りたくて取材を始めた。

「便利さと人の尊厳は引き換えられないし、そんなシステムは作るべきじゃないと考えていた」。2002(平成14)年に稼働した住民基本台帳ネットワーク(住基ネット)で、地方自治体として最後まで接続を拒んだ福島県矢祭町《やまつりまち》の前町長、根本良一は振り返る。平成の大合併に抵抗し、「合併しない宣言」をしたことでも知られる。

根本は取材の中で「自ら選ぶこと」の必要性を何度も口にした。住基ネットのシステムに疑問を持たない役場の職員に根気強く「便利、不便ではなく、住民の利益を徹底的に選択しよう」と呼びかけた。

不便さを選ぶプレッシャーはあったが、住民のためになるか否かを考え続け、接続を拒んだ。

だが、町は根本が町長を退いた後の2015（平成27）年に住基ネットに参加する。翌年から始まるマイナンバー制度が接続を前提としていたためだ。「税や社会保障制度との連携など、利便性ばかりが強調された。自治体も参加を拒みにくい仕組みになっていた」。個人情報が集められ、権力による監視を招きかねないシステムが、「便利」というひと言で覆い隠されていないか。根本の懸念はそこにある。

国が市民を支配する「統治」の強まりに、根本は危機感を覚えている。国からの働きかけではなく、「市民が自らシステムに飼いならされている」と感じている。

「安心感や利便性を得るために、人々は個人情報を提供し、システムの中で生きるしかなくなった」と社会学者の大沢真幸（59）は言う。選択する自由のないシステムは、人の創造性を奪いかねないと危惧する。「過度に監視された中で行動を起こせないのと、自由の中で主体的に行動しないのは決定的に違いがある」

5年近くGPSで妻に居場所を示し続けてきた夫は、妻からタイミングのいい連絡があると「自分を気に掛けてくれる」「息が合った」と感じる。「後ろめたいことがあるのか」と疑われるかもしれないと思うと、やめるとも言い出せない。当初の違和感は利便性への欲求と慣れがぬぐい去った。夫婦である限り、この「約束事」は続くと感じている。

根拠はないが、隠しごとのない自分に災いが降りかかるはずはない、と思う。「行動をオープンにして、むしろ気持ちは楽になった。素直に生きていれば問題ないですよ」

手元では、スマートフォンが変わらず妻に位置情報を知らせ続けていた。

③ 地域が衰退するなか、「自ら守らねば」との思い——市民権得た監視カメラ

京都市中京区の歴史ある繁華街を、2台のカメラが撮影している。木屋町通と河原町通との間に立つ一戸建て住宅。〝監視の目〟は3年ほど前に設置された。

ここで暮らす山本訓三(78)は戦前に生まれ、この地で育った。太平洋戦争中は空襲警報で逃げ惑い、学生時代は「戦争のない社会」を胸に、安保闘争のデモに参加した。常に権力というものに不信感を持っていた。平成に入ると、自分の身の回りにもカメラが急速に普及したが、権力者に利用されるのを懸念して、批判的な立場を取り続けてきた。

平成は昭和の時代には思いも寄らなかった事件や災害、テロが相次いだ。1995(平成7)年の阪神淡路大震災や地下鉄サリン事件、2001(平成13)年の米同時多発テロ……。国内の刑法犯認知件数も増え続け、2002(平成14)年にピークに達した。

２０００年代前半、木屋町通周辺も治安が悪化し、「安全・安心」な街づくりが課題になった。山本が会長を務めていた自治連合会も、警察からの打診で街頭へのカメラ導入を検討した。

連合会の議論で目立った反対は少なかったが、「街の安全は機械でなく、自分たちで守らなければ」という意識もあって、山本は設置を見送った。会のメンバーとともに、自らの足を使ってパトロールを続けた。

同じ頃、東京都新宿区の歌舞伎町に、警視庁はカメラ50台を設置した。犯罪が多発する日本有数の歓楽街だが、当時は賛否の議論が巻き起こり、プライバシーをどう守るかが課題となった。

時代は移り変わった。拒否反応を示す人は減り、カメラは市民権を得たように見える。呼び名も「監視カメラ」から「防犯カメラ」へと変わった。ＪＲ東日本が２００９(平成21)年、埼京線の一部車両の客室にカメラを導入した時には寄せられた批判的な声も、２０１７(平成29)年に山手線全車両への設置を発表した際は、ほとんどなかったという。

南山大学教授でプライバシー研究者の阪本俊生(59)は「クレジットカードの普及が示すように、個人情報の提供に抵抗を感じなくなり、カメラで写されても見ているのは人ではなく、あくまでシステムなのだと感覚が変化した。多くの人が、映像が厳格に管理されれば構わないと受容するようになった」と指摘する。

記者(37)も都市部のマンションの部屋を借りる際、出入り口などにカメラがあるのを一つの「安心材料」ととらえ、厳重管理されていると信じる。一方で、あらゆる行動が記録されるようになれば、取材源の秘匿が求められる仕事にとっては障壁になる。

地域コミュニティーが衰退し、犯罪捜査では住民の証言が得にくくなった。カメラ映像は、容疑者特定の決め手の一つになっている。ある警察関係者は「凶悪犯が捕まる確率が高まり、犯罪を減らすのにも有効だ。犯行の手口が明らかになり、容疑者が弁解しても反論できる。もっと増やしたらいい」と話す。「撮影を気にする人もいるのでは」と問うと「見られて困ることをしなければいい」と一蹴された。話を終え、街頭に出た際には、暗黙の了解で離れて歩いた。

撮影が続く歌舞伎町。昔ながらの路上に面した電気店を営む店主の茂木晴夫(67)が1950〜1960年代の祭りの写真を見せてくれた。今の街並みからは想像できないが、伝統衣装をまとった役者が商店街を練り歩き、赤子を背負う母親らが見物している。「私が子どもだったころは、歌舞伎町にも多くの家族世帯が住み、普通の商店街だった。顔見知りばかりで、人の目があったから、あの時代ならカメラは必要ないかもね」と振り返る。

京都の山本も「戦後の木屋町は、地域の人のつながりが濃密で、情緒的な街だった」と懐かしむ。高度経済成長とともに次々とビルが建ち、飲食店や風俗店が進出した。江戸時代からあった趣のある住宅は姿を消し、土地を売って出ていく世帯が後を絶たなかった。

山本が通っていた小学校は当時、児童が900人ほどいたが、減り続けて平成年間に閉校になった。幼子の遊び声が聞こえた昔の面影はなく、同じ町内に住む子どもは、もういない。「身に付いている肉が削られていく感覚。自分を守るのは、自分以外にいないと思うようになった。2011

（平成23）年に妻を亡くしたのが決定的だった」

外壁の2台のカメラは、町内会が行政の補助金を受けて購入した。他に付ける場所がなく、町内会長の立場から提供した。各地で残忍な事件が絶えない状況を見聞きし、「事件が起きたときは解決につながるのではないか」という淡い期待もあった。

録画した映像は警察の要請を受けて何度か提供したことがある。だが、どう役に立ったのか、知らされたことは一度もない。

アマゾンのおすすめ　利用者の購入履歴や商品への評価を解析し、「次に購入しそうなもの」を提示する機能。アマゾンは米国に本社を置くネット通販大手で、書籍や日用品を幅広く扱う。2000（平成12）年に日本語サイトを開設した。

住基ネット　住民基本台帳ネットワークの略称。行政機関が氏名、生年月日、住所、性別などの個人情報をオンラインでやりとりできる仕組み。2002（平成14）年に稼働したが、情報漏洩への懸念から接続を拒否する自治体が相次いだ。

捜査のハイテク化　平成年間に入り、カメラ画像の解析技術はデジタル化で飛躍的に向上。警察庁によると、2017（平成29）年に全国で摘発した刑法犯のうち、ひったくり事件の約30％は防犯カメラなどの画像を端緒に容疑者を特定した。

3　一つではない「自分」

①　自分の居場所はどこにでも——「分人」で生きていく

２０１５（平成27）年12月、誰もが書き込めるインターネット百科事典「ウィキペディア」の執筆者約10人が、東京都内の図書館の一室に集った。「河川一等兵です。ダムの記事を書いています」「Ｓｗａｎｅｅです」「逃亡者です」……。名乗るのはウィキペディア内の通称だ。

いずれも評価が高い記事の書き手だが、顔を合わせるのはほぼ初めて。「皆さんがどんな風に資料を探し、まとめているのか知りたくて」。呼び掛け人で横浜市在住の公務員、通称のりまき（51）があいさつした。会合は懇親会も含め深夜まで盛り上がったが、最後までお互いを本名で呼び合うことはなかった。

ウィキペディア日本語版では、個人の特定につながる情報を伏せる執筆者が多い。「個人情報悪用への懸念もあるが、何よりウィキペディア内の活動に、日常の自分を見せる必要性を感じない」と、のりまきは言う。

小説家の平野啓一郎（42）は、向き合う相手や環境に応じた自らの振る舞い方の変化を肯定的に捉え、その一つ一つの人格を「分人」と名付けた。近代では「一人の人格は統一されたものであるべき」との考え方が広く受け入れられたが、平野は「グローバル化や多様化が進み、背景が異なる人と接するのが当たり前の時代に『自分は自分』という一本調子ではうまくコミュニケーションが取れない」と説く。

居住地や肩書もさまざまな人々が、共通の趣味や目的で結び付くネットの世界はその典型と言える。「ネット上の分人もその人のアイデンティティーになりうる。不快な分人を抱えていても、心地いい分人を心地いい比率で維持するのが大切」。平野の持論でもある。

のりまきは平成の初めに公務員になった。職場での自分は「本当の自分」ではないと思っていた。文章を書くことを仕事にしたかったからだ。縁があって、大学時代の同級生と雑誌で連載を持つことになり、面白いと評判に。転職を考えたが、編集者から「筆一本で食べていくのは大変だ」と聞き、結局踏み切れなかった。

そんなのりまきにウィキペディアはぴったりの場所だった。「気になることを貪欲に調べたい自分の本能を思い切り出せる」。最近は、学生時代から作品が好きだった俳人、小林一茶の記事に取り組んだ。何十冊もの参考書籍を読破し、ゆかりの地で写真を撮りためる。半年かけてまとめた記事には、本一冊に匹敵する情報を詰め込んだ。

「一茶は多面性があってすごく面白い。遺産争いでは強突く張りな面を見せる一方で、純粋で素直な句を詠む。例えば……」。語りだすと止まらない。ほかにも古墳や鉱山、政治家まで、関心の向くままひたすら調べ、書く。これまで「小林一茶」を含む何本もの記事が、利用者が認定する「良質な記事」に選ばれた。100万本を超える日本語版の記事の中で、上位0・1％程度にしか与えられない名誉ある称号だ。

ただ、こうしたインターネット上の活動は、仕事上の知人や同僚にはほとんど伝えていない。「重なり合うところがないから。無理に一つにまとめない方が自然だと思う」

1993(平成5)年、クロスボウの矢が突き刺さった状態で空を飛ぶオナガガモが東京都内で見つかり、動物虐待として社会問題となった。その顚末をウィキペディアで「矢ガモ」という記事にまとめたのが、横浜市のITエンジニア、通称、逃亡者(48)。そのユニークな視点や筆力には、のりまきも一目置いている。

逃亡者は対面のコミュニケーションが苦手だ。2006(平成18)年夏、仕事の負荷が高まってうつ病を発症、長期療養に入った。家族に心配をかけまいと一人暮らしを続け、友人とも疎遠になった。

外部との唯一の接点は枕元のパソコンで開くウィキペディアだった。今振り返ると、どうしてそんなに熱心だったのか不思議だが、「ドラえもんのひみつ道具」を一つ一つ入力するような地道な作業に、1日何時間ものめり込んだ。同じ分野に取り組む執筆者とやりとりをする機会も、支えになった。

病状が芳しくないまま、勤務先から解雇を通知された2007(平成19)年。ウィキペディア上で打ち明けると、次々とメッセージが寄せられた。「早く快方に向かわれることを祈ります」「あなたはウィキペディアに必要な編集者です」。会社に見放された自分を頼りにしてくれる場所は、画面の中にあった。

②好きな仕事で認められたい――30歳目前、迫られた選択

30歳の誕生日を翌日に控え、小野孝弘は朝から東京都内の自宅にこもった。「今日中に、一生の仕事を決める」。選択肢は二つ。このまま大企業に勤めて安定した人生を送るか。それとも憧れの俳優を目指すか。四大証券の一角を占める山一証券に入社して8年目、1997(平成9)年7月のある日曜日だった。

少年時代は、1989(平成元)年に早世した俳優の松田優作のように、他人の心を動かす影響力のある人になりたいと思っていた。入社後は営業の仕事を通し、裸一貫から会社を立ち上げた社長らと付き合った。経営者としてリスクを背負い、成功をつかんだ姿に魅力を感じ、自分も大きなことを成し遂げたいという気持ちを強くした。

営業は得意だった。顧客の誕生日に花を贈り、電話越しにせきの音を聞くと風邪薬を届ける。工夫を重ね、成績は同期でトップクラス。それでも、小野は俳優の道を選ぶ決意を固めた。「組織に守られたサラリーマンという枠に収まりたくない。好きなことをやらないと後悔する」。その思いが上回った。

退職の準備を始め、上司に打ち明けようとしていた同じ年の11月、山一証券は経営が行き詰まり、自主廃業を決めた。同期の多くが別の金融機関に転職する中、小野は背中を押される形で夢へと一歩を踏み出した。

いい大学からいい会社に入れば、生涯安泰という成功モデルが揺らいだ平成時代。バブル崩壊後に吹き荒れたリストラの嵐や、山一証券の経営破綻はその象徴だった。一方で小野の後を追うように、仕事を通した自己実現を理想とする風潮は年々強まっていく。

２００３（平成15）年刊行のベストセラー『13歳のハローワーク』（幻冬舎）は、５００以上の職業を紹介し、自分の好きなことを手がかりに仕事を選ぶよう説いた。２０１４（平成26）年、動画投稿サイトのユーチューブはCMで、動画を投稿する魅力的なユーチューバーに「好きなことで、生きていく」というキャッチコピーを重ねた。近年では、進化する人工知能に打ち勝つには、自分の「好き」を突き詰めるしかないとも言われる。

俳優を志して20年、小野は50歳になった。望んだ仕事で得られる充実感は昔も今も変わらない。「喜びや悲しみの感情が自然とわき上がるほど、役になりきれた時、演技は面白いと強く思う」だが、演じられさえすればいいわけではない。約10年前、同郷の脚本家の女性に「演技が好きなら、市民劇団でやってもいいのでは」と言われた。何か違うと思い、自分は好きなことで稼ぎ、社会に認めてもらいたいのだと明確に意識した。

事務所には所属せず、仕事はCMや企業の研修用映像などへの出演が中心。年収は約２００万円と山一証券時代の3分の1で、自分一人が暮らすのがやっとだ。誰もが知る俳優になりたいという夢の実現には遠いが、「好きでやっているんだから構わない」と思ってきた。

その確信が近年、少し揺らいでいる。２０１６（平成28）年初頭、東京都新宿区の一等地に位置する大手銀行の支店長室。秘書に先導され入室した瞬間、思った。「俺、人生間違えたかな」。10人掛けの重厚な長机が置かれた広い部屋の主は、山一時代の後輩の男性。小野の姿を認めると、革張りの椅子から立ち上がり「わざわざすみません」と笑顔を見せた。

3歳ほど年下の彼とは時折酒を飲む仲だ。これまでは、自分の何倍もの収入や出世ぶりを聞いても何も思わなかった。なのに、「保険の話を聞かないか」と誘われて何げなく訪れた部屋の広さに、小野の心は粟立った。サラリーマンを続けていれば、自分にもこんな居場所が与えられていたかもしれない、と。

「好き」の陰に隠れ、見ないようにしていた現実が、急にせり上がってきたように感じた。振返ると、山一での仕事は努力すればそれだけ結果が出ていた。役者はそうではないというのが、長年やってきた実感だ。成功する俳優は、そもそも持って生まれたものが違うとしか思えない。

「貧乏に飽きた」。最近、俳優仲間と入った安い居酒屋で、思わず口を突いて出た。めったに通らないオーディションを受け続け、一人きりでコンビニ弁当をかき込む日々。「まだ伸びしろはあるはずだ。何か一つ殻を破れたら」。ぐらつきそうな自分にそう言い聞かせる。

でも20年ほど前、人生の岐路に立っていた自分にアドバイスできるとしても、「俳優はやめておけ」とは言えない。

数少ない主役を務めた映画『拳銃と目玉焼』（2013年）は、自主制作ながら一部で高い評価を受け、シネコンでも上映された。小野演じるさえない中年男性がヒーローを目指す。観客からは「主人公の気持ちがよく分かる」「自分を見ているようだ」と絶賛の声が寄せられた。

好きなことで評価される喜びが、ほかの何にも代え難いことを、自分は知ってしまった。「だからだめなのかな。もっと器用に生きればいいと思うけど」。そう言って笑った。

③「人は宿命的に個性的」──同姓同名、違い際立つ

長野県山ノ内町のひなびた温泉宿で、男性9人が露天風呂につかっていた。年齢も経歴も職業も顔立ちもばらばらだが、全員が同姓同名の「田中宏和」。2009（平成21）年12月、旅行を企画した東京都の会社員で通称「ほぼ幹事」の田中宏和（49）が、ふわふわした気分になっていたのは、お湯の心地よさのせいだけではなかった。

「猿が温泉に入っているような気分だね」。誰からともなくつぶやきが漏れた。右を向いても左を向いても、もちろん自分も田中宏和。自分と他人を区別する名前の意味が失われ、どこまでが自分なのか分からなくなるような、そんな錯覚を覚えた。

ほぼ幹事の田中が同姓同名の人を探す「田中宏和運動」を始めたきっかけは1994（平成6）年、プロ野球近鉄（当時）に投手の田中宏和がドラフト1位で指名されたニュースだった。

少年時代に夢見たプロ野球選手になれたかのような不思議な喜びを感じたのが面白くて、知人やメディアから情報を集めたり発信したりしているうちに、気付けば20年以上が過ぎた。これまで対面したのは生後半年の乳児から70歳代まで計138人。2017（平成29）年には「全国大会」を開

き、過去最多87人の田中宏和が東京都内で一堂に会した。

「田中宏和のうた」を作ったこともある。作詞作曲を田中宏和が手がけ、田中宏和同士で合唱する。冒頭はこう始まる。「自分で選んだわけじゃない　気づいたときには呼ばれてた」

ほぼ幹事の田中は子どものころ、自身の名前があまり好きではなかった。「もうちょっとひねりが効いていても……」と、個性的な名前に憧れがあったという。しかし今は、その名前のおかげで思いも寄らない経験ができている。

一人一人の個性の大切さが強調されるようになった平成という時代。そのことは子どもの名付けにも現れた。1993（平成5）年8月、東京都昭島市に長男を「悪魔」と名付けた出生届が出され、命名のあり方をめぐって論議を呼んだ。父親は「（長男が）歴史を切り開くという思いを込めた」と前向きな理由を強調した。

従来あまり使われなかった漢字を当て、特殊な読み方をさせる名前があちこちで聞かれるようになった。一部は「キラキラネーム」と呼ばれ、インターネット上などでしばしば賛否両論が飛び交う。

記者（35）は2014（平成26）年に生まれた長男の名前について「キラキラネームだね」と言われたことがある。漢字はありふれたものだが、読み方が比較的珍しいためだろう。キラキラしているかどうかはともかく、何日も頭をひねった末に決めた個性的な名前であることは間違いない。

ありふれた名前を逆手に取って楽しむほぼ幹事の田中に取材を重ねる中で、どうして息子の命名で個性を意識したのか、理由を考えるようになった。そんなとき、日本を代表するコピーライターで、ほぼ幹事の田中と長年親交がある「ほぼ日」社長の糸井重里(69)から指摘されて、はっとした。「個性は競争を前提にしている」

人より個性を伸ばし、磨いた者が成功し、望みをかなえ、生活の糧を得る。個性という言葉は他人と比較することと強く結びつけられてきた。

ほぼ幹事の田中は、田中宏和運動の特徴は「競争がないこと」だと言う。「田中宏和同士で『どちらがより田中宏和か』なんて比べようがない」。同姓同名というだけで、初めて会ったとは思えない親近感を覚え、時には「そうだったかもしれない自分自身」のように感じられる。「同姓同名の人同士の共通点は」とよく質問されるが、ほぼ幹事の田中は「考えても、驚くほど見つからない。むしろ違いに目が向くようになる」と話す。

運動ではお互いを区別するため、新しく出会った仲間に通称を付けている。職業から「ドクター」、ゆかりの地から「中華街」、その人ならではのエピソードから「新幹線」。少し話を聞くだけで、命名の材料となる特徴が浮かび上がる。掘れば掘るほど、一人一人の違いが浮き彫りになっていく。

2016(平成28)年末に解散したSMAPは、2003(平成15)年発表の代表曲「世界に一つだけの花」で「ナンバーワンにならなくてもいい　もともと特別なオンリーワン」と歌い、人々の心をつかんだ。ほぼ幹事の田中は思う。「社会に『個性的であれ』と言われなくとも、人は宿命的に個性的じゃないか」

●**ウィキペディア**　2001(平成13)年開始のインターネット百科事典。米国の非営利組織ウィキメディア財団が寄付をもとに運営する。約300の言語版があり、記事数は最も多い英語版が550万本を超える。日本語版は約110万本。

●**1997(平成9)年の金融危機**　都市銀行の北海道拓殖銀行や、四大証券の一つ山一証券が相次いで経営破綻し、日本の金融システムに対する不安が高まった。同年にはタイの通貨バーツの大暴落に端を発するアジア通貨危機も発生した。

●**SMAP**　1988年結成、1991(平成3)年CDデビューした人気グループ。1996(平成8)年に森且行が脱退し5人組に。バラエティー番組やドラマに多数出演し、代表曲「世界に一つだけの花」は300万枚超を売り上げた。

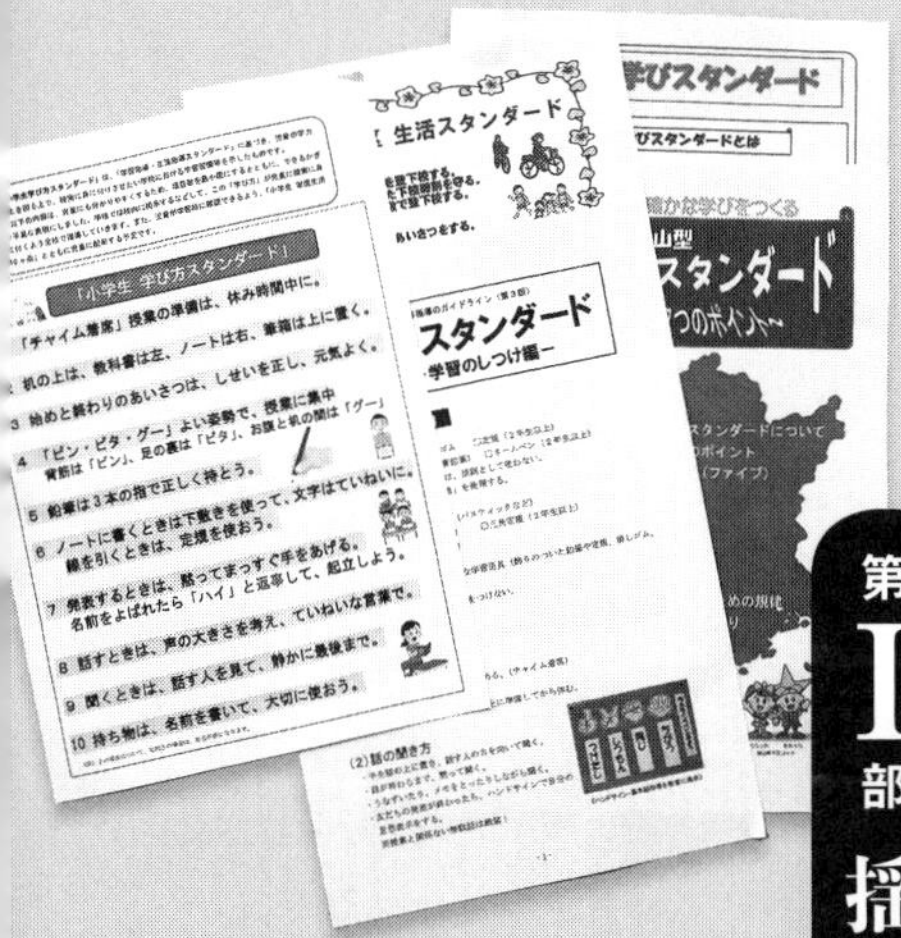

第I部 揺れる「人間」の価値

第3章 マニュアル化される「正しさ」

各地の学校で導入が進む「スタンダード」
(2018年7月)

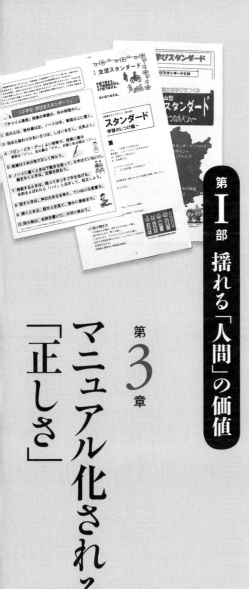

社会を維持する上で必要とされる「正しさ」は、時に適応できない者を排除する。世の中の至る所でシステムの不全が生じ、それを克服しようとした平成時代。だが、ひとたび新たなルールが確立され、システムが稼働し始めると、それに抗うのは難しい。「正しさ」というある種のこわばりが私たちを不自由にし、こぼれ落ちる者への想像力を奪ってはいないか。

1　新たな管理教育の時代

①「今、蹴ったよね」──頼りはルール、相互監視も

2015(平成27)年6月、蒸し暑い初夏の日の出来事だった。

広島県福山市にある公立中で、2年生の生徒約50人が北校舎2階の多目的教室に立てこもる騒動が起きた。「私たちは校長のやり方に反対する」。管理主義的な校長の学校運営に異を唱え、学年の半数が授業をボイコットした。出入り口に机を高く積み上げ、バリケードを張って部屋を封鎖した。「出てきなさい」。教員が声を張り上げても、「校長に会わせろ」と一向に取り合わない。平成の末期に、昭和の学園ドラマのワンシーンが再現されたかのようだった。

教職員の力だけでは収まりがつかず、ＰＴＡが仲介に入って対処した。校長との話し合いの場を

設けることを条件に、生徒たちの2日間にわたる立てこもりは終わった。

きっかけは、前日に起きたある事件だった。

4時間目の家庭科の時間。2年生の男子生徒が同じクラスの男子をからかい、小競り合いになった。通りかかった校長(57)が止めに入り、2人を教室の外に出そうとした際、からかわれた生徒の足が校長の尻に当たった。

「今、蹴ったよね」。校長は近くにいた教員に確認すると「これは教師への暴力だ」として、自ら110番した。駆けつけた警察官は、校長のズボンに残った「蹴り跡」を写真に収め、暴行容疑で生徒を逮捕した。

からかった生徒にとっても、予期しない展開だった。自分の一言が発端となった逮捕劇に戸惑いながら、走り去るパトカーに泣いて追いすがった。「あいつだけが悪いんじゃない。何で逮捕するんだ。返せ」

当時、同校はいわゆる「荒れ」のさなかにあり、教職員らは生徒指導に手を焼いていた。校長は、対教師暴力はすべて警察に通報する「例外なき指導」を打ち出し、厳しい態度で臨んだ。事件の一部始終を目撃した生徒たちは「あんなのは蹴ったうちに入らない」と証言したが、校長は外形的事実だけに着目し、当事者の言い分には耳を貸さなかった。

連行された生徒には「少年鑑別所で3週間の観護措置」という処分が待っていた。校長に当時の判断の妥当性を尋ねると「教員に対する暴力は何があっても許されない。状況からみて自分を狙って蹴ったと判断した。生徒に事情を聴く必要はなかった」と振り返った。そして、小さな声で付け加えた。「手錠を掛けられているのを見てびっくりした。あれほど重い処分になるとは思っていなかった」

事件の後、校長は立てこもりを実行した生徒らと話し合いの場を持ったが、指導方針は変えなかった。そして2カ月後、体調不良を理由にこの学校を去った。

細かく定めた規則に、児童生徒を厳格に従わせる「管理教育」。多発する校内暴力を押さえ込む切り札と目され、1980年代に最盛期を迎えた。1990年代には下火になったが、平成後期になって再び息を吹き返しつつある。

2013(平成25)年9月、広島県の福山市議会。「学校の規律の維持を図ろうとするゼロトレランスの考え方を参考にするとともに……」。生徒指導のあり方を問われた教育長は、結果の軽重や情状の余地は考慮せず、厳格に処分を適用する「ゼロトレランス」の指導法に言及した。それを受けて市内の小中学校には、学校運営に積極的に取り入れようとする校長も現れた。

校長会では「授業中に生徒から首を捕まれた教員が、現行犯逮捕で対処した」という事例が優れた取り組みとして紹介された。「警察への通報を躊躇しない」という強固な姿勢は、評価されることはあっても、否定されることはなかった。

東京電機大学助教(教育社会学)の山本宏樹(36)は「昭和の管理教育は、厳しく指導しても最後まで面倒を見るやり方が主流だった。しかし、2000年以降は問題児童を学校から排除する米国流のゼロトレランスが入ってきた」と指摘。「1960年代ごろまで、教員は地域におけるエリートだったが、権威が失われていく中で、頼れるのはルールしかなくなった。児童生徒を事務的に扱うようになるのは、ある意味で必然的な流れだった」と分析する。

「平成の学校」は、いじめや学級崩壊、学力問題などへの対応をめぐり、保護者やメディアの批判的な視線にさらされ、苦境に立たされてきた。

記者(48)は平成後半の約15年間、教育現場の取材に携わった。この間に特徴的だったのは、国を挙げて「開かれた学校」を目指す動きが加速したことだ。保護者や地域住民が学校の運営に参画する「地域運営学校(コミュニティ・スクール)」が制度化され、学校支援ボランティアに参加する人も増えた。多くの大人が関わることで、閉鎖的だとされる学校を活性化していくのが狙いだった。

しかし、理念とは裏腹に「閉じていく学校」の姿もあらわになってきた。かつては、どのような問題にも対処しようとするのが日本の公立学校の持ち味だったが、年を追うごとに教員は多忙になり、教育成果のエビデンスが過度に期待される中で、学校は多くの難題を抱え込み、自己防衛的になっていった。

ベテランの校長がこう語るのを聞いたことがある。「学校をオープンにすれば、当然ボロも出る。その時に保護者や地域も協力して、学校をよくするのが『開く』理念の根底にあったはずだが、揚げ足を取られるマイナス面ばかりが増えた気がする」

異質な者の排除を容認するような社会の風潮も、管理主義の復権を後押しした。ルールを拠り所にした指導法は「これ以上、学校に責任はありません」と予防線を張っているようにも見える。2007(平成19)年には「全国学力・学習状況調査」が始まり、学校や児童生徒を評価する指標のうち、「学力」だけが突出して重視されるようになった。ゼロトレランスは、少しでも学力向上の妨げになるような子どもを、ふるい落とす「装置」としても機能した。

福山市内の中学に勤務する教員は、生徒のわずかな違反を見逃しただけで同僚から嫌みを言われたことがある。「先生、今指導をスルーされましたね」。ルールの正当性は問われないまま、学校という教育の場は相互監視の目にさらされ、規則を守ること、守らせることが目的化していった。

②「心を鍛える部屋です」——抵抗力を奪われ言いなりに

「私は丸刈りを見るとぞっとする。戦争中に兵隊さんがしていたのを思い出すからだ」。1993(平成5)年9月、非自民連立政権で民間人から文部大臣に起用された赤松良子(88)は、管理教育の象徴となっていた学校での丸刈り強制に嫌悪感を表明した。

戦中派としての率直な物言いは一部から批判も受けたが、論争を巻き起こすきっかけを作った。四半世紀を経て、赤松は発言の真意を打ち明けた。「規則の必要性は否定しない。ただ、その意味や意義を問わない管理教育は、子どもたちを思考停止に陥らせ、まっとうな抵抗力まで奪い去ってしまう」

1980年代には校則の違憲性を問う裁判が次々に提起され、旧文部省は1988年、細かすぎる校則の見直しを提言した。赤松の発言は、管理教育からの脱却を加速させた。

１９８９（平成元）年に個性重視の新しい学力観を掲げた学習指導要領が導入され、教育は子どもの自主性尊重に軸足を移したように見えた。だが、少年事件が相次いだ２０００年代には早くも潮目が変わり、国会でも「生徒への毅然とした対応」や規範意識が力説されるようになった。

揺り戻しの流れに敏感に反応した自治体の一つが福山市だった。それまでの校則に加えて、２０１１（平成23）年には市内全校で「生徒指導規程」を作り、厳格な運用を始めた。ルールのほかに、違反した場合の「罰則」まで明記したものだ。

問題行動は細かく列挙され、違反があれば生徒は数時間から5日間、別室で指導を受けなければならない。「学校にガムを持ってきた」「配布物を紙飛行機にして飛ばした」。そんな理由でも生徒は別室へと送られた。薄いベニヤ板で空き教室を三つに仕切った小部屋は、日中も窓にカーテンが掛けられ、暗くて寒い。

ある中学で開かれた保護者会では、教員が別室を「ハートルーム」と名付け、「心を鍛える部屋です」と説明した。「クラスの足を引っ張るような子は、その部屋に行った方がいい」。一部の母親は「自分の子どもの学習権が守られるのなら」と同調した。

指示に従わない生徒に向かって、教員は「別室行かすぞ」と脅す。生徒が理由を尋ねても「規程にそう書いてあるから」と説明されるだけ。違反者が続出し、別室は満杯になった。別室指導を受けるために、数日後まで順番待ちをしなければならない学校もあった。

子どもたちの学ぶ権利が保障されているとも言いがたかった。「薔薇という漢字を400回書かされた」「校歌を何度も書き写せと言われた」。指導という名の懲罰に耐えかね、不登校になる生徒もいた。

市教育委員会は「生徒や保護者の中にも評価する声はあった」と規程のプラス面を強調するが、2018(平成30)年6月、「時代の変化」などを理由に各学校に規程の見直しを要請した。生徒が主体となってきまりを作る方向に改めるという。

市内には既に、校内のきまりを守れているかどうか、生徒同士が互いの行動をチェックし合う学校もある。チャイムが鳴る前に、クラス全員の着席の有無を学級委員が調べ、結果は担任に報告する。授業参観の時には、保護者にもこのチェック表が示される。「生徒同士が自主的にきまりを守れるようになった」と評価する教員もいるが、学級委員の中には「学校に行くのがとてもつらい」と母親に漏らす生徒もいるという。

規程に依拠できなくなった途端、どのように生徒指導をすればよいか分からず、途方に暮れる若手教員もいる。生徒のためと信じて規程を推進してきた女性教諭は複雑な心中を明かす。「この指導法はとても便利だ。騒がしい生徒は排除され、学校は一見落ち着いた状態を取り戻す。でも、生徒は教員の言いなりになっているだけで、全く力が付いていない現実を突きつけられる」

女性教諭の中学では他学年同士の行き来を禁止するため、生徒に一切打診せずに渡り廊下に鎖を張った。生徒はわざわざ校内を大回りする不便を強いられたが、なぜ渡り廊下を使ってはならないのか、理由を尋ねる者は一人もいなかった。

③ソフトな規範がじわり浸透――標準化、現実と隔たりも

「友達はさん付けで呼ぶ」「筆箱にはBか2Bの鉛筆5本」「消しゴムは白」「職員室には原則として入ってはならない」――。生活態度や授業の受け方など、子どもが守るべき「スタンダード」と呼ばれる規準を掲げる学校が、全国に広がっている。

当初は学力向上に関する項目が中心だったが、2010(平成22)年ごろから生活態度などにも広く言及するようになった。「机と椅子の位置は固定する」「履物はそろえる」など様式美に関するものや、「挨拶をする」「他人を思いやる」といった礼儀や道徳的価値をスタンダードと称するケースもある。校則ほどの強制力は持たないが、「ベーシック」や「プライド」、「心得」など学校独自の名称でも呼ばれ、〝ソフトな規範〟として機能している。

神奈川県で4年生の担任をする男性教諭(28)の小学校でも2018(平成30)年4月、A4用紙2枚に50程度のきまりごとが書かれた「スタンダード」が教員に配られ、児童同士が互いをさん付けで呼ぶルールが導入された。先輩から「さん付けの方が子どもたちの言葉遣いが落ち着く」との説明を受け、丁寧な呼び方には異論はなかった。

ただ、4年生の児童に敬称で話し合いをさせるのは至難の業だ。「大人は呼び捨てなのに、どうして私たちだけさん付けなの?」と教室で問われ、答えに窮した。

これまでの教員経験では、さん付けなどしなくても、子どもたちなりに人間関係を深めていく場面を何度も見てきた。前任校には「スタンダード」がなく、クラスの目標には「人が嫌がることはやめよう」とだけ掲げていた。付随するルールはその時々に考えてきたが、標準化された学校は、そうした柔軟性を許してはくれない。

当面は緩やかに運用しようと思っているが、「担任の中には熱心に励行する人もいて、明文化されると自由度がなくなる。私たち教員も『気をつけろ、はみ出すなよ』と言われているような気がして落ち着かない」とこぼす。

全国の学校は2007(平成19)年ごろから団塊世代の大量退職時代を迎えた。学習指導や生活指導の若手への技能継承は、教育現場でも大きな課題だ。多くの校長は、「スタンダード」導入の経緯について「全ての教員が共有できる規準を明示する必要があった」と説明する。

生徒指導をめぐる保護者からのクレームが増えたのも無視できない。「先生によって言うことが違う。子どもが混乱している」。髪飾り、カチューシャ、トートバッグ――。子どもに好きな物を持たせておいて、汚れたり壊れたりすると、すぐに学校に苦情が寄せられる。「壊れて騒ぐぐらいなら、最初から持たせなければいいのに」。電話で応対しながら、教員たちはぐっと本音を飲み込む。

そこに現れたのが「スタンダード」だ。きまりに従えば、個々のケースに自ら教育的な判断を下す労力は不要になる。「指導のブレ」も追及されずに済む。繁忙状態の教育現場では、若手教員を中心に「『スタンダード』のおかげで余計な手間が省けて助かる」と歓迎する声も上がる。

関西学院大学教授（教育学）の桜井智恵子は「平成の校長は、それまで不要だった『学校経営』という手腕を求められ、指導の効率化を目指すようになった。『スタンダード』を掲げることで、ある種の説明責任を果たそうとしているのだろうが、子どもたちの多様性はなかったことにされ、教員の創造性や主体性も失われてはいないだろうか」と懸念する。

東京都内の中学校で、1時間目の授業に30分以上遅刻した中2の男子生徒がいた。50代の男性教諭が、事情を聴くため職員室に呼び寄せた。「実は母親が夜の仕事をしている」「朝は起こしてくれないし、朝食の準備もない」「空腹で学校に来られなかった」。男性教諭を信頼できると思ったのか、生徒はぽつりぽつりと身の上を語り始めた。

だが、30代の指導教員が2人の会話を制した。「遅刻したのは事実。『スタンダード』に反しているのだから、早く反省文を書かせればいいじゃないですか。時間の無駄です」

その後、男性教諭は管理職に呼び出され、こう言われた。「あなたは子どもの言うことをよく聞く先生ですね」。ほめ言葉でないのは、すぐに分かった。「子どもの話なんて聞く必要はないんだよ」。口には出さない管理職のメッセージにひどく落胆した。

そこに強権を発動する分かりやすい管理の姿はない。ただ、目の前にいる子どもの現実と交わろうとはしない「正しさ」が、じわりと学校を覆いつつある。

●**ゼロトレランス方式**　軽微な違反を放置すればより重大な事態に発展するという「割れ窓理論」に基づく教育実践で、1990年代に米国で始まった。非寛容、無裁量を意味し、2006(平成18)年には文部科学省も考え方に言及している。

●**新しい学力観**　自ら学ぶ意欲や思考力、判断力、表現力などを基本とする学力観。1989(平成元)年改定の学習指導要領で採用された。子どもの関心・意欲・態度を重視し、教員の役割もそれまでの指導中心から援助へと転換を図った。

●**教育のスタンダード化**　学力向上のため米国で1990年代に始まった政策。到達すべき基準を示し、達成状況の説明責任を伴う。日本では1998(平成10)年の中央教育審議会(中教審)答申が、学校運営の自主性・自律性を打ち出し、教育目標の設定を求めた。

2　虐待に向き合う「善意」の先に

①　安全確認を受け泣き崩れる母親――「子ども救え」の裏側で

ベランダはゴミであふれていた。2010(平成22)年7月末、大阪市西区のマンションの一室で2人の幼児が餓死しているのが見つかった。室内にも弁当やカップめんの容器、おむつが散乱していたという。放置して家を出た母親が逮捕され、事件は大きな注目を浴びた。

母親も幼少期、「ごみ屋敷」と言われる家で育った。当時、大阪で勤務していた記者(37)は、この事件の報道に関わったのを契機に、仲間と児童虐待に関する取材を本格的に始めた。

児童虐待防止法施行10年でもあったこの年、取材班は「虐待の世代間連鎖」をテーマの一つに据えて取材を始めた。当時、児童虐待が子どもの脳に器質的な変化を与えることが注目を浴びつつあり、その後の育ちへの深刻なダメージが科学的にも見えてきた。児童相談所(児相)を中心とした公の機関の対応に失策がないかを中心に検証し、あればピックアップして集中砲火的に報じるという、事件発生当初だけの一過性の報道に陥りがちな自分たちの取材姿勢への反省もあった。

死亡事例を起こしてしまった当事者に取材したり、虐待を止められない親や、虐待で親と暮らせなくなった子どもの「その後」を追ったりして、新聞連載を行い、後に岩波ブックレット『ルポ 虐待の連鎖は止められるか』(共同通信「虐待」取材班、2014年)にまとめた。

児童虐待防止法施行15年だった2015(平成27)年に再取材をすると、児相の現場からは通告件数の増大による疲弊が浮かんだ。専門家からは「通告バブル」「壊れた非常ベル」という意見も出ていた。通告が増えれば、虐待の発見につながる。ただ、人的資源が限られている以上、通告が増えるほど、重症度を見極め、その程度に応じた対応が必要になる。

しかし、事案の軽重の判断を問わないまま、全件一律に安全確認が求められ、目先の対応に追われがちになった。虐待対応システム自体がはらむ問題は見過ごされたまま、負担だけが増えていくという声が現場から聞こえた。「通告＝子どもを救う」という図式で思考停止しては、ただの行政任せになりかねない。子育て世代の一人として、通告の先に見え隠れする、虐待とは別の荒廃した風景にも、目を向けたいと思った。

若い母親は目の前で泣き崩れ、玄関の床にひざをついた。「泣き声がする」との通告を受けて、安全確認に訪れた児相の職員に、きっと顔を上げて言った。「子どもが泣くのは当たり前じゃないんですか」

たまたま長時間泣きやまなかっただけで、虐待の事実はなかった。母親のそばで幼児が心配そうに歩いていた。駆けつけた福岡市児相の河浦龍生(66)は立ち尽くし「本当に、そうですね」とうなずくしかなかった。

児童虐待は1990(平成2)年度から国が統計化を始め、児相の対応件数は平成年間に100倍以上に膨らんだ。厚生労働省(厚労省)も「社会全体で解決すべき問題」と呼びかけ、市民による積極的な通告を促している。2010年代に入ると、泣き声が聞こえただけで通報する「泣き声通告」が増えた。

夫が転勤族の別の母親は、地域に溶け込もうと頑張っていたが、泣き声通告によって「虐待する親だと思われていたのか」と落ち込み、引きこもるようになった。

「子どもが泣いた時は口をふさぐようにしている」「育児不安が増した」。福岡市児相には母親たちの不安の訴えが相次いだ。「子どもを救え」という掛け声の陰で、孤立を深める親が生まれた。

元大阪府児相の山本恒雄(66　日本子ども虐待防止学会副理事長)によると、米国では日本と違って通告段階で緊急度を振り分ける。他に物音や子どもをたたくような音がせず、泣き声だけの場合は通告者に説明した上で現場に行かない州もある。データ検証により、重度の事案に人員を投入する方が有効と判断したためだ。

虐待の初期対応職員だけで約3万4000人いる米国(総人口約3億2500万人)に対し、日本の児相の児童福祉司は約3000人。山本は「通告が増えるのは良いことだが、現在の組織体制や対応システムは既に限界に達している」と指摘する。

本来、児相には子どもと家族に寄り添い、息長く支える役割がある。安全確認は救出のきっかけにはなるが、その先の長い支援の始まりに過ぎない。しかし、業務の繁忙化も進み、生存の確認に偏る傾向も出てきた。

河浦は1996(平成8)年から20年間児相に勤務し、現在は市子ども家庭支援センターの所長を務める。小学校を訪ねると、平成の中ごろから、靴箱にブランド物が並ぶ地域と、傷んだ靴ばかりの地域が分かれるようになった。虐待の温床になる貧困が広がったと感じる。そこには、バブル崩壊以降の非正規雇用増大の影響がにじむ。生涯未婚率は平成年間に急激に増加しており、河浦は「家族そのものが、崩れかけているのではないか」と懸念する。

昭和は隣近所のつながりが強く、泣く子がいれば声を掛け合う文化があった。今や保育園は「迷惑施設」と呼ばれ、運動をする子どもたちの声は「騒音」と言われる。虐待の泣き声通告には「うるさいから何とかしろ」というものもあった。

虐待の死亡事例では、児相に通告がなかったものが7割とのデータもある。恐怖感や関わりを避けようという意識が働くのだろうか。親による体罰を容認する考えが根強くあるからだろうか。河浦は「泣き声通告増大の一方で、本当に通告してほしい事例が、逆に通告されていないのではないか」と語る。

「社会全体で」と言いながら、子どもを守るべき地域の子育て機能の低下が止まらない。

②見せ方に固執し突撃訪問も――「48時間ルール」の呪縛

「すべてのケースに一律に基準を当てはめれば、良い面と同時に逆の機能も働く。単純化は危険だ」。大阪市の元児童相談所所長の津崎哲郎(74)が強く主張した。2006(平成18)年、京都府長岡京市で起きた3歳児餓死事件の対策を検討する厚労省の会議で「48時間以内の安全確認」を実質原則化する案に委員として反対した。

厚労省側は「何か対策を取らないといけない」と繰り返し、48時間ルールは翌年1月に指針化された。津崎は「政策の分かりやすさや、見せ方に固執しているように見えた」と振り返る。

児相はそれまで即座の対応が必要ないと判断したケースは、周辺住民らから情報を収集して安全確認をしていた。だが、48時間ルールが浸透し、丁寧さよりもスピードが重視され「突撃訪問」と呼ばれる形が増えた。家族との摩擦や地域社会とのトラブルが増した。

2010(平成22)年、大阪市西区で2人の幼児が餓死する事件が起き、その傾向はさらに強まった。当時の制度では児相は強制立ち入りが困難だった。事件前に通告を受けていたが、子どもの状況を確認できなかった。シングルマザーの貧困や保育支援、司法関与の在り方といった社会の枠組みが問われる事件だったが、世間の批判は「児相の職員が接触できなかった」という点に集中した。

相談業務が中心だった児相の仕事は、虐待対応に追われるようになっていく。現在、大阪歯科大学で講師の久保樹里(54)は1997(平成9)年に児相勤務を始めた。職員同士、どうすれば子どもと家族を救えるか知恵を絞ったが、全国で重大事件が起きるたびに細かなルールが追加され、その順守がマスコミの関心事になった。

西区の事件以降、久保は「職員間の議論では、ミスを問われないための対応に目がいくようになった」と言う。「嵐のような批判の中で小さく身を縮めてしまい、迷いながら試行錯誤する人が少なくなった」。多様で複雑な家族を支える本来の児童福祉の姿が見えにくくなった。

立命館大学教授(臨床社会学)の中村正(59)は「平成は問題化するシステムや火をつける言葉はたくさん生まれたが、火事を消すためのものはつくられなかった」と語る。

久保は児相時代、家族の再統合に取り組んだ。児相の業務は安全確認で終わるものではなく、家庭への介入後、虐待の問題性を保護者に理解させ、養育を見直してもらい、再発を防止する必要があるとの思いがあった。一方で、そのための支援のメニューは乏しく、児相職員に心を開かない保護者も多い。

女性よりも自分語りや弱音を吐くのが苦手とされる男親は支援を拒絶し、より孤立しやすい。久保は、中村が行っていたドメスティック・バイオレンス(DV)の加害男性を対象にした非暴力グループワークの手法に注目した。DV防止法以前から男性問題に取り組む中村が、米国で学んだ手法を大阪と京都で試行していたものだ。その後、子ども虐待に応用して、「お父さん子育て塾」になる。

田宮雄介(55 現・児相管理職)は、元々は大阪市の港の管理・運営に携わっていたが、「全然違う世界が知りたい」と2005(平成17)年に自ら希望を出して児相に飛び込んだ。ケースワーカーになり「これまでのモノとは違う、人間というナマモノを見た」と言う。周囲の環境や数世代にわたる家族の歴史から、目の前にいる人の虐待という行為を見るケースワーカーの仕事の奥深さにのめり込んだ。その中でも現場時代、忘れがたい親がいる。

一時保護した男児の父カエデ(仮名)だ。「何の権限があるのか」。連日数時間に及ぶ抗議の電話を受け、子どもを引き渡す話し合いは物別れになった。抗議と言っても、大声を張り上げるわけではなく、理詰めで、高い知性を感じさせるところが、田宮の印象に残った。だが、児相と激しく対立する親の元に、子どもは返せない。「一生、無理ではないか」と感じた。数年後、中村の手引きにより、ある学会の壇上で、男親塾に通うカエデと再会した。この段階で、カエデは子どもに会えてもおらず、保護した田宮は敵のような存在のはずだった。だが、カエデは意外にも田宮に握手を求め、こう漏らした。「あのままだと殺人者になっていたかもしれない」

③ 男らしさ、一人称で語れ――「人生の水路に置き石を」

虐待によって息子を児相に保護された父親のカエデは、生みの親に捨てられた。高校時代、実親と信じていた育ての親が、口論から「うちの子じゃない」と口走った。存在基盤を崩されたカエデは「強く生きる」と誓い、一時は暴力団にも所属した。

その後、虐待をした父親のグループワークを主宰する立命館大学教授の中村に出会い、交流を重ねた。ある時「先生、見てください」と入れ墨をさらして言った。「男らしさの〝リストカット〟です」。腕を傷つけ、生の実感を得る女性がいる。男の俺はこうだ、と。

中村は「勝手だけど、自分の物語がある。違う生き方があったはずだ」と感じた。結婚して生まれた息子を、カエデはヤクザの舎弟のように育てた。手を上げ、何百回もスクワットをさせ、ペッパーソースを飲ませた。

息子が児相に保護されると、中村は自身の「お父さん子育て塾」につなぐよう指示した。カエデは最初に言った。「先生、塾の名前が悪い。俺らは子育てに失敗した。こんなふうにしかできなかった男らしさを考えたい」。提案に沿ってみんなで話し合い、「男親塾」に名前を変えた。月2回開かれ、大阪府内の児相に子どもを保護された父親らが匿名で体験を語り合う。

多くの男性は家父長的文化や競争社会の中で弱音を吐かず、勝つこと、強くあることを求められる。攻撃性・暴力性につながる土壌ともなる。中村は「男性性」に焦点を当てたワークを続ける。

カエデが息子と離れて生活して数年。施設で暮らす息子から「どうしてあんなことをしたの」と手紙が届いた。中村が児相を通じて、塾での父親の様子を伝えていた。

便箋3枚に「強くしたかった」という理由を記し、塾の仲間に見せた。「言い訳みたいや」。率直な感想に何も書けなくなった。最後は「申し訳なかった。説明できないことをしてしまった」と短く記した。仲間たちは「この方がええ」と言った。手紙を見た息子は「おとんの写真が見たい」。ビデオレターを交換するようになり、息子は「おとんの目がたれている」と笑った。この家族は時間をかけて、親子で暮らせるようになる。カエデと、一時保護した田宮はその後、男親塾を通じて交流を深めた。

社会が児童虐待に厳しいまなざしを注いだ平成時代。事件が頻発し、報道などで凄惨さが強調されるあまり、加害親が抱える悩みや苦しみへの共感は広がりにくかった。

中村は「ほとんどは育児に困っている人だ。人生の水路に置き石があれば、違う方向に流れた。昭和は地域や親戚がその機能を果たした。希薄になった時代に新たな置き石が必要だ」と話す。大きく報道されるのは殺人事件のような重大事例だが、虐待件数の全体の中ではごく一部だ。「虐待」という言葉で全体が一つにくくられることで、禍々しいイメージがつきまとう傾向もある。加害者も支援すべき人、との認識が生まれづらい。虐待という言葉で全体像を捉える限界が来ていると、中村は言う。育児に関する苦しみと暴力の問題をどう表現していくのか、記者もメディアの一員として問われている。

男たちは、会議室のいすを車座になるよう並べて座る。塾だけのニックネームを記したネームプレートを付ける。2週間に一度開かれる塾の冒頭、主宰者の中村は、ストレッチをするように参加者に促し「これから2時間、外の世界を離れて、ゆっくりとした時間を過ごしましょう」と語りかける。最初にそれぞれが、前回の参加以降の自らの暮らしについて報告する。「子どもと面会が入りました」とうれしそうな人もいれば、「児相の職員ともめてしまった」と頭をかく人もいる。一巡した後、それぞれの報告についてそれぞれが自分の感想を語り、対話が続く。

「それは子どもからの挑戦状かもしれませんよ」「奥さんとデートしてみたらどうですか。夫婦関係が変わると、子どもとの関係も変わるかも」「今後、離れて暮らすことになっても、親父の姿って大事ですから頑張りましょう」。中村が、参加者の見方を前向きに変えるようなコメントを入れる。参加者同士も気付きを与え合う。会話に混ざっていると、多くの人は熱意を持って子どもと関わろうとしている様子が伝わってくる。

中村は「関わろうとし過ぎて、掛け違いや行き過ぎが起きている」と指摘する。真っ直ぐで、単純で。そんな「男らしさ」が、にじむ瞬間がある。男性性を一概に否定するのではなく、間違った部分を修正する狙いがある。

塾には「主語は私」というルールがある。「世間は」「会社は」と一般化して物事を語りがちな男性が、自分語りをするための仕組みだ。ある参加者は「それがすごく難しい」と言う。「俺も親に殴られて育った。自分はやるまいと思っていたけど……」「俺もじいちゃんにしばかれていた。昭和はよかったのに、なぜ平成では駄目なんだ」。明確な正解はない。だが、内面を見つめた男たちの本音が響き合い、静かに水が流れ始める。

●虐待件数の急増　全国の児童相談所が対応した虐待件数は、厚生労働省が統計を始めた1990(平成2)年度は1101件。社会的な関心の高まりを背景にそれから26年連続で増加し、2016(平成28)年度には12万件を超えた。

●大阪の二幼児餓死事件　2010(平成22)年、3歳と1歳の幼児がごみまみれの部屋に放置され、餓死しているのが見つかった。育児放棄(ネグレクト)した元風俗店店員の母親が殺人罪に問われ、有期刑上限の懲役30年の判決が確定した。

●児童虐待防止法の施行　深刻化する児童虐待を受け2000(平成12)年11月施行。身体的暴力だけでなく、育児放棄や心理的に傷つける行為も虐待と定義。児童相談所職員の権限を強化したが、虐待死を防げなかったケースが相次いでいる。

3　「正しさ」と国策

①「福島の人が見えますか」――愛憎を抱えながら弱者同士で争う

2013(平成25)年9月、アルゼンチンの首都ブエノスアイレス。国際オリンピック委員会が東京五輪開催を発表した瞬間、首相の安倍晋三は現地で両手を突き上げた。事前のプレゼンテーションで、2年前の東日本大震災による東京電力（東電）福島第一原発事故の汚染水について「状況はコントロールされている」とアピールしていた。安倍は翌年秋の臨時国会の所信表明演説で「何としても『復興五輪』としたい。日本が新しく生まれ変わる大きなきっかけとしなければなりません」と力強く述べ、2016（平成28）年のリオデジャネイロ五輪の閉会式では、会場・マラカナン競技場中央の土管から、任天堂の大ヒットゲーム「スーパーマリオブラザーズ」のマリオに扮して登場し、世界的な注目を浴びた。自民党は同年秋、「2期6年まで」と制限していた総裁任期を「3期9年まで」に党則変更した。東京五輪・パラリンピック時にも、安倍が首相を務めることを理論上可能とする改正だった。

「生まれ変わったと思っている。起きてしまったんだから、マイナスではなくプラスにね」。復興五輪の舞台となる東京。福島から都内の公営住宅に自主避難した40代の男性は、東日本大震災から7年が過ぎた平成最後の夏の心境を、そう表現した。前向きな言葉は安倍と重なるが、表情は暗かった。復興五輪という言い方については「結局、俺たちと関係がないところでやっているわけじゃん。原発被害は終わってないのに、色々と金をばらまいてさ。俺らは？って」と憤る。だが、暗い話題は極力避けたいと言い、話はなじみの居酒屋のことになった。なかなか安定しない仕事の息抜きの場であり、東京での心のよすがになっているという。

放射能への恐怖から、震災後まもなく地元を去った。だが、地元の人たちに本当のことを言えず「転勤で」と告げた。「『故郷を捨ててあいつ逃げるのか』って非難される人たちを見てきた。言わないのが利口、って考えがしみ込んじゃった」。本当のことが言えないのは福島に残った人たちに対してばかりではない。避難先の東京でもだ。なじみになった居酒屋の店主にさえ、うそをついたままだ。男性は「最近も、知り合いが自主避難だってことが後から周囲に分かって『なんだ、そういう考えか』って陰口を叩かれていた」と言う。

「そういう考え」が何を示すかまでは分からない。ただ、自主避難者を、国の考えに従わず、過剰に放射能を恐れている人と見なす風潮がある。福島が汚染され、健康被害の恐れがあると考える自主避難者は、現在福島に暮らす人を「差別している」とまで言われることもあるという。男性は今も、ごく一部の親族以外には、打ち明けられないでいる。

１９６４年の東京五輪は、戦後復興の象徴と言われた。その2年前、日本のエネルギー供給の首位は、石炭から石油に代わった。オイルショックを経て原子力発電への期待が高まり、炭鉱労働者は職を追われた。

１９７３年の第1次オイルショックの前年に生まれた宍戸《ししど》隆子(45)は福島県富岡町で育った。祖父は酪農を営んでいたが、それだけでは立ち行かず、父は原発労働者になった。１９８２年に福島第二原発の運転が始まり、地元の施設が充実していくのを見て育った。高校生だった１９８９(平成元)年には再循環ポンプの事故が発生し、反原発運動に加わった。

父は「おれの仕事が分かっているのか」と一言釘を刺したが、それ以上は言わなかった。ビラを配って歩くと、赤ちゃんを抱いた若い女性に「気持ちは分かるけど、うちの夫は原発で働いている。

原発がなくなったら、どうやって生きていけばいいの」と問われたり、「この街は原発なしでは生きていけないんだ」と非難されたりもした。

一方、「表向きは応援できないけれど……」とこっそり差し入れをくれる人もいた。熱気を帯びた運動だったが、原発は止まらず、やがて勢いを失う。そして宍戸自身、東京での就職や、その後の結婚、子育ての日常の中で関心は薄らいでいった。

2011（平成23）年の原発事故当時、福島県伊達市に住んでいた。目の前で娘が鼻血を出した。周囲にも同様の症状を訴える子どもがいた。放射性物質との因果関係が証明されていないのは分かっている。ただ、科学的には未解明なのに専門家は「安全です」と断言し、国はそれを支持して避難指示を出さないのはなぜなのか。

「日本国民は国に従う義務がある。あなたと話すことはない」「いいよね、逃げられる人は」。自主避難を口にすると、周囲に非難された。宍戸はマイホームも、仕事も手放すことになる。逡巡の末に、子どもが外で遊べない状況はおかしいと考え、事故から3カ月後に決断した。

去り際のこと。「国民の義務」と言った地域の重鎮が「あなたは頑張った」とそっと声をかけてくれた。室内生活が続く児童のために、学校への冷房や早急な除染を求めて奔走した姿を見ていてくれた。宍戸は「立場から非難せざるを得なかったのかもしれない。彼にも苦しみがあったはずだ」と感じた。

札幌市の雇用促進住宅桜台宿舎が、受け入れ先となった。炭鉱離職者が職探しの間に暮らせるよう昭和の終わりに開設され、役目を終えようとしていた。時代を超え、国策に翻弄された人々が集住する場となった偶然に、宍戸は胸を揺さぶられた。

「私たちと福島に残る人たちの間には大きな溝があります。避難者も、福島で頑張っている人も、みんな苦しんでいる。福島の人は見えていますか。私が見えていますか」

2011(平成23)年12月2日、参議院東日本大震災復興特別委員会。宍戸が参考人として発言した。

放射能の安全性評価、避難指示、賠償制度――。国が決めた枠組みをめぐり、国と反対派だけでなく、避難者同士の間にも対立が生じていた。宍戸は「一人一人の苦難の背景を見てほしい」との思いを言葉に込めた。

対立は、原発避難者の受け入れ先がある首都・東京でも起きていた。ピーク時には避難者世帯が100を超えた公営住宅。自治会長は「受け入れてすぐのころには、団地全体が避難者を支えようとまとまった」と振り返る。日本中で「絆」が盛んに強調された時期だ。

だが、被災者らへの賠償金の話が持ち上がると雲行きが怪しくなった。都営住宅の単身者の入居要件は原則、年間の所得が189万6000円以下。自らも厳しい生活を送る元の住民から「支援された上に、金ももらって」と陰口が聞かれるようになった。

避難者同士にも溝が生じた。ある時、福島県出身者の車を別の県の避難者が洗っていた。自治会長が「親切ですね。ピカピカになって」と声をかけると、「違う。放射能を洗い流しているんだ」

と答えた。バケツに水を張り、洗剤を使って、他人の車を黙々と磨いていた。福島ナンバーの車のワイパーが折られたこともあった。目撃者によると、夜中、指紋を付けないようになのか、ワイパーにタオルをぐるぐる巻いてから行動に及んでいたという。表面的には福島出身者とうまく付き合っている、他県からの別の避難者だった。「ストレスでしょうか。本来争うべきでない人たちなのに」。会長は目を伏せた。

②すったもんだで生きたい――「共に過ごす場」が失われて

2013(平成25)年3月、埼玉県で障害者の職場参加を進める山下浩志(75)は、事故で県内避難を強いられた福島県飯舘《いいたて》村出身の安斎徹(71)の元を訪ねた。知人を介して出会い、以前に話を聴いた際には、国や東電、とりわけ地元村長への激しい憤りに圧倒された。

「これはおやじが作ったあけびの棚。ここはマツタケが、そこにはワラビが出る」。飯舘の実家を案内してくれ、故郷を慈しむように語る安斎は、別人のようだった。「憎しみの背景にあった、失われた故郷への愛。それを目の当たりにすることで見方が変わった」と山下。愛憎を抱え、弱い立場にある者同士が争う構造は、障害者問題にも通じるのではないか、と考えるようになった。

知的障害がある知人男性は、小さな工場に勤めていたが、窃盗のぬれぎぬを着せられそうになり、嫌気が差して職場を去った。露天商の手伝いに転身すると、障害も含めて受け入れられ、周囲から「仕事もこなせるし、子どもの相手もうまいね」と声をかけられた。自信を付ける一方で「できない障害者と一緒には見られたくない」と口にするようにもなった。

〈弱い者達が夕暮れ　さらに弱い者をたたく〉

「THE BLUE HEARTS」の「TRAIN―TRAIN」。流行した1988年当時、その歌を山下に教えてくれたのは、埼玉県内の定時制高校の生徒たちだった。障害がある生徒が地域の学校で学ぶための運動に、同じ弱い立場にある者として賛同してくれた思い出がある。昭和の終わりには聞き流していた、栄光に向かって走る列車の歌。社会の階層化が進み、誰もが列車に乗り遅れまいと疾走する平成の終わりに、山下の胸を打つ。

「触らぬ神にたたりなしだな」。尾崎洋介(35)は埼玉県狭山市の地元中学でクラスメートになった門坂豊(34)が廊下で寝ていたり、教室を飛び出したりするのを見て、距離を置こうと思った。豊には知的障害を伴う自閉症がある。引っ越しで家が近所になり、図らずも一緒に登校するようになった。

じゃんけんで負けた方が荷物を持ったり、大声で歌ったり。「不思議と波長が合った。弟みたいで助けたい感じもした」。教室でパニックになると「ちゃんとやれよ」と怒る同級生。「どうやってなだめる?」と考える子もいる。結局、話し合って解決する生徒たちに教師は目を見張った。

高校は別々に。「俺がいなくても、大丈夫かなぁ」。尾崎のつぶやきに豊の母、美恵(63)は「あなたこそ大丈夫?」と返した。「隙のない優等生にとっても息が抜ける相手になったのでは」という思いがあった。

美恵は2歳半で発語がなかった豊に診断名がついた当時、心のどこかでホッとしたという。「私の努力不足じゃなかった」。それまで「育て方が悪い」と周囲に責められているような気がしていたから。気持ちを切り替え、特性にあった支援を受けるため療育施設に熱心に通い、他にも専門的支援を探し歩いた。「あのお母さんは療育の鑑《かがみ》」とまで言われた。

水が好きな豊は、橋の上から川に飛び込もうとしたり、噴水と見るや突撃したり。困り果て「そんなに水が好きなら」とスイミングスクールに通わせた。ある日、若い女性のコーチが「お母さん！　豊が返事をしたよ」と叫ぶ。それまでどうしてもできなかった、名前を呼ばれて返事をする、ということが、みんなで一列に並んでの点呼の時、遂にできたのだ。「同じ年頃の子どもたちの響き合いなのかな」。感動して報告する美恵。専門家は「そんなわけがない」と相手にしてくれなかった。

近所の子どもたちと過ごしていると、言語表現が苦手な豊の姿を観察して「おばちゃん、豊がおしっこに行きたいってさ」と告げてくる。結構、当たる。そんな中にいると、豊も何だかうれしそうな顔をしている。「子どもたちの感性に魅了された。療育施設に通うより、この子たちとずっと一緒にいられたら」。そう感じることが多くなった。だが、専門家は「特別支援の方が子どものためになる」と言う。

質が高い支援、個別指導、特性に応じた場――。「それが合う子もいる。でも豊は……」。悩む中、障害児の普通学級入学を支援する山下に出会う。「みんなと普通学級に行ったら、どんなことがためになりますか」と聞くと「そんなの分からないよ」と言われた。これまで「障害がなくなるために」「子どものために」と聞かされていたから拍子抜けした。でも、生きていくってそういうことのような気がした。1990（平成2）年に普通学級へ。「トラブルはあっても、すったもんだと地域で生きたい」と願った。

障害の程度や区分によって、就学先を振り分ける分離教育が制度化されたのは1979年。だが国策に逆行し、特別支援学校を選ぶ児童は減少傾向だった。1997（平成9）年度に増加に転じた。特別支援学校では特性にあった指導が受けられ、教員配置も手厚い。「就職の際に枠があって有利だ」と関係者の間で語られるようになったことも、増加を後押ししたと言われる。

山下は「バブル崩壊で不安が広がり雇用が流動化した。座れるいすが減り、わが子は取りこぼされまいと願う親が多かったのではないか」と考える。「特別な場があるのになぜ」「迷惑だ」。他方で、普通学級を目指す障害児への風当たりも強くなっていった。

「学校も別だから、職場も別が自然でしょ」。障害者の就労支援も行う山下は、会社回りで耳にした言葉が気にかかる。雇用もきめ細かく分化する中、健常とされる人たちが同じ時間と場を共にする機会がやせていく。「いや応なく共に過ごし、せめぎ合い、影響を与え合って生きる意味が見失われつつある」

大人になり、消防士になった尾崎の初出動は、電車事故の轢死《れきし》体の現場だった。「続けられるのか」と打ちのめされた。一睡もできず宿直を終え、ぼうぜんとしたまま足が向かったのは豊の元だった。ゲームに熱中するそのひざに、ごろんと横になった。うとうと眠り、目が覚めると、少し自分を取り戻せた気がした。

③　復興五輪にかき消される――被災地から遠く離れて

車が、山合の道路を海に向かって下っていく。途中で、津波が到達した場所と、そうではない場所の違いが顕わになり、境界をまたぐように感じられる。潮と、泥と、粉じんの臭いが強くなる。場所によっては、目に見えるものすべてが壊れている。2011(平成23)年3月11日。東日本大震災が発生した際、大阪で勤務していた記者(37)は、揺れを感じることもなかったが、その1週間後から被災地に入った。6月までに、岩手県と福島県を中心に、合計1カ月半ほど取材に当たった。

前年末、我が家に初めての子どもとなる双子が誕生した。低体重で生まれた彼らは、しばらく新生児集中治療室(NICU)で過ごしたものの、どうにかすくすくと育ち始めていた。父親になるという体験をし、日々、目覚ましく成長する生命に驚嘆しつつ、私は被災地に入り、肉親やパートナーを亡くした方々、我が子を失った方々の語りに耳を傾けた。激しく揺さぶられ、時には質問をすること自体が困難だった。記者でありながら、しばしば言葉を失った。生と死が交錯しているような感覚があった。

2004(平成16)年に記者になった私にとって、最大の取材体験だった。だが私は程なく、被災地を離れた。東京への転勤に伴い、警視庁の担当になり、3年半ほど事件取材に没頭した。その後は、戦争や原爆被害の問題、障害分野の取材にのめり込んだ。どれも大切な取材だったが、被災地のことを考える時間は、段々と少なくなった。

私は日常に戻り、東京にいる。被災地から遠く離れてしまった。胸のうずきとともに、そう考えていた。本当にそうだったのか。

平成史を振り返るに当たり、今、暮らしている首都・東京にいる被災者の方々に注目した。それは、被災地にいなければ震災の取材ができないかのように振る舞っていた自分への戒めであると同時に、自分の日常と、触れ合えぬ他者の日常とを分かつ思考への反省でもあった。それらは、どこかで地続きなのではないか。私は、見ない振りをしていただけではなかったのか。

東京にこだわった理由の一つは、本書のもととなった新聞連載の中では触れていないが、2016(平成28)年7月26日、相模原市の知的障害者の入所施設「津久井やまゆり園」で、入所者19人が殺害された事件の影響がある(相模原殺傷事件)。私は別の企画記事の執筆のため、この事件に関する取材を続けている。同園は1964年、東京五輪の年に開設された。時は高度経済成長期。国家の開発主義の波の中で、終生暮らせる施設を求める家族の声が高まる中、山合の集落に知的障害を持つ人たちの施設が作られた。都市生活者にとって彼らの存在はますます見えにくくなった。

1970年以降に本格化していく重度の身体障害者たちによる運動は、行政や親の意向に反し、地域で自立生活を送ることを目指した。自ら介助者を募り、命がけで街に出て暮らし始めた。脱施設や自己決定権が叫ばれた。取材の中で、都市の発展のために周縁部に「迷惑」とされる施設を建設する構図は、原子力発電所も同様だとの指摘を受けた。そして、相模原殺傷事件の凄惨さは、翌月開幕したリオデジャネイロ五輪のメダルラッシュにかき消されるような部分があった。

平成時代の出口の向こうに、2020東京五輪がある。国家プロジェクトの巨大さ、復興の象徴とされる祭典の輝かしさが、見えにくくしているものを見据えたいと思った。宍戸隆子の「私たちが見えますか」という言葉を何度も問い返しながら。

住宅支援が打ち切られ、福島県が2020年度までの避難者ゼロを掲げる中、自主避難者に注目したのは、彼らが不可視化されつつあるように感じたからだ。また彼らの行動が「自主」と呼ばれる点も気になった。避難者のどこまでを「強制」とするかは、国家の線引きにほかならない。その線引きによって、避難者間の対立が深まっている現状がある。

私は2016(平成28)年春、核問題の取材の一環で、米国の太平洋核実験により汚染されたマーシャル諸島の住民と共に、福島県を旅した。案内役の一人となった飯舘村の若者から「放射能の影響をどう捉えるか」をめぐり、村内が分断され、お互いを非難し合う状況が生まれたことを改めてつぶさに聞かされた。原発事故がなければ、生じなかった、争うべきでない人同士の争いだった。

相模原殺傷事件が起きた後、地域での自立生活を掲げた障害者運動側には「大規模施設があったからこそ起きた事件だ」という語りがあった。事件では自己決定権に基づく地域生活が、最も困難とみられている重度の知的障害者が標的となった。気高い理念や健常者社会の欺瞞を鋭く言語化し、行動で実践してきた障害者運動に加わりにくい、言葉での自己表現が苦手な人たちが狙われた。

障害者運動から取りこぼされがちであった知的障害がある人の命が奪われたことを真摯に内省する人もいた。その一方、「あんなところは人間の住む場所じゃない」といった、かなり感情的な施設批判があり、それに対し、現在施設で子どもが暮らす親や、当事者の人たちが傷つき、より心を閉ざすという場面も見聞きした。

自己決定権は、平成年間により浸透した重要な考え方だ。自己決定権から疎外された人が、それを獲得することは正しいし、当然の目指すべき方向だと考える。だが一方で、自己決定権が行使しにくい人たちの問題は残された。さらに、自主避難者が「勝手に困っている人たち」と突き放されるように、悩み抜いて他に選択肢はないと思って下した決断が「自己決定だから自己責任」と言われがちな隘路《あいろ》も、取材の中で見えてきた。その隘路には苦しい争いがある一方で、当事者以外からは見えにくいように思えた。その一端にも、触れたいと思った。

東日本大震災から6年が経過した2017(平成29)年春、我が家の双子は小学校に入学した。入学前、学校側から「入学前スタンダード」なる紙が配られた。数十に渡る細かい生活規範が、うちの学校にいる子は、これができて当然だというニュアンスで記されている。私は強い嫌悪感に襲われた。製品管理のような基準と「標準」という使う側の都合次第の言葉で、子どもたちをふるいにかけるような圧迫感がのぞいているように思えたからだ。こうした基準が強化されていけば、重い障害がある子はもちろん、いわゆる軽度発達障害の子どもたちが普通学級に行くことはますます難しくなるだろう。

「特殊教育の方が質の高い支援」が受けられて良い、という考えももちろんあるし、尊重されるべきだとも思う。だが一方で、障害があって特別支援学校・学級を「選ぶ」ことは歓迎されても、障害があって普通学級を「選ぶ」ことは未だ制度的困難が伴う。「なぜ行政の判断に従わない」「足を引っ張るな」といった論理で迷惑化され、選びにくくされていく構造もあるだろう。そして、同質性が高まり、細かな差異の中でますます競わされる普通学級も、息苦しさを増すように思われた。

そんな疑問を抱いている折、あるシンポジウムで、主催者側が使った「質の高いインクルーシブ教育」という言葉にかみついた、障害を持つ子の親である門坂美恵に出会った。彼女は「私たちは『質が高い』という言葉で、分けられようとしてきた」と発言した。「きれいな言葉で分けないで」という障害がある仲間の言葉を胸に刻んでいるという門坂。私は、彼女やその周辺にいる人たちから話を聴くことにした。

近年、国を挙げて共生という言葉が盛んに使われる。門坂の息子・豊と、友人・尾崎の物語は、平成時代からこぼれ落ちかけているものを示しているように思われる。

●**東電福島第一原発事故**　2011(平成23)年3月11日の東日本大震災による地震と津波で電源を喪失。原子炉を冷却できず炉心溶融や水素爆発を起こし、大量の放射性物質が放出された。廃炉決定後も汚染水処理などの課題が山積している。

●**原発事故の自主避難者**　福島第一原発事故で、政府の避難指示が出ている地域以外からの避難者。妊婦や育児中の母親も多かった。公営住宅などが「みなし仮設」として無償提供されてきたが、2017(平成29)年3月に打ち切りになった。

●**特別支援学校**　視覚障害や知的障害などがある子どもの自立を支援する学校で、一人一人の特性に応じた教育を掲げる。かつては盲学校、ろう学校、養護学校と呼ばれたが、2007(平成19)年の改正学校教育法の施行で統合、改称された。

第Ⅱ部「豊かさ」が失われていく社会

第4章 平和国家、続けますか？

上＝イラクとの国境付近の米軍キャンプで，
米兵と打ち合わせする陸上自衛隊員
（2004年2月，クウェート）

下＝カンボジアのタケオに到着した
PKO要員の陸上自衛隊員（1992年10月）

平成に入り、日本が直面したのは国際貢献という名の新たな役割だった。だが、「国際社会に認められたい」との一念で実績づくりが優先され、活動の内実が国民の目に触れることはなかった。海外派遣を繰り返し、自衛隊は米軍との一体化が進んだ。科学技術の進展は、軍事研究との境界を一層曖昧にしている。戦後築いた平和国家は、きっと続いていくはず——。そんな幻想は終わりを告げていた。

1 検証なき「戦地」派遣

① 実績を優先した命の代償——隠された危険情報

平成は東西冷戦の崩壊と同時期に幕を開け、日本が初めて臨んだ本格的な国際貢献の舞台はカンボジアだった。政権時代に約200万人を虐殺したとされる武装勢力ポル・ポト派が和平に合意し、選挙の実施を目指してアジアで初めて国連平和維持活動(PKO)が始まった。

「自衛隊の海外派遣は憲法違反だ」との反対論が高まる中で、自衛隊の第1陣約600人と文民警察官75人が1992(平成4)年秋、相次いで海を渡った。警察予備隊として創設されてから42年、国連旗の下で自衛隊の部隊が国外の地を踏んだのは初めてだった。

日本では、現地は既に安全だと考えられていた。しかし、10年以上カンボジアに関わり、ポト派幹部とも人脈を築いていた大使の今川幸雄(85)の耳には、派遣直後から「ポト派が和平合意に反発しＰＫＯを妨害しようとしている」と不穏な情報が入っていた。

現地では「選挙をすればポト派は負ける」とささやかれ、各地でポト派とみられる攻撃が頻発していた。今川は「日本国内で『カンボジア危険論』が広まると、ＰＫＯ要員や邦人ボランティアの撤収論議が強まりかねない。本来隠す必要のない話も伏せた」と打ち明ける。

ポト派によるＰＫＯ妨害工作や国連幹部の暗殺計画もあった。死傷者を伴う情報以外は、幹部だけが閲覧を許される「秘密指定」で外務省に送った。

東京で今川とのパイプ役になったのは、外務官僚で総理府国際平和協力本部事務局長を担った柳井俊二(81)だった。「自衛隊派遣について戦車をバックにした映像を映し出すニュースもあり、冷静に議論できるような雰囲気ではなかった。現地は危ないとメディアに騒がれたくなかった」。実情が公になることを恐れ〝今川情報〟の秘匿を決め、首相や外相らごく一部にしか治安情勢を知らせることはなかった。

カンボジアでは、他国のＰＫＯ要員が犠牲になる事態も起きた。地域によっては派遣条件の停戦合意が崩れているのは明らかだったが、撤収する国はなかった。国連も日本政府も「ポト派の攻撃とは断定できない」と建前を繰り返すものの、今川は「いつ日本人に犠牲が出るか、正直怖かった」と不安を抱えていた。

日本にとってPKOは悲願だった。イラクのクウェート侵攻を機に始まった1991(平成3)年の湾岸戦争では、日本は130億ドルを提供したが「人的貢献をしない」として米国を中心に批判を浴びた。

外務省のエースで、後に駐米大使となった柳井は「カンボジアPKOは、このトラウマが逆ばねになって実現した」と振り返る。アジアの大国として国際社会で存在感を示し、国連安全保障理事会の常任理事国入りを目指したいという「大国」願望が、政府を突き動かしていた。

だが、恐れていた事態は現実になる。1993(平成5)年4月に国連ボランティアの中田厚仁(当時25)が何者かに銃撃され亡くなった。5月には文民警察官、高田晴行(同33)がポト派とみられる武装勢力に射殺された。犯人は捕まらなかった。

「日本は(隊員の安全確保よりも)実績づくりを優先したのか」。今川に改めて疑問をぶつけると、しばらく黙った後に「2人には気の毒でたまらない気持ちでいっぱいだ。ただ、ようやくつかんだ機会を手放すわけにはいかなかった」と絞り出した。

大きな代償とともに始まった、国際貢献という平成の新たな挑戦は、何を残したのか。

選挙は実施され、ポト派以外の主要各派による政権が樹立された。国連も日本政府もPKOは「成功した」と強調した。しかしPKO部隊が去った後、政権内で対立が激化し武力衝突に発展した。1998(平成10)年に首相の座に就いたフン・センは、反体制派の弾圧を強め長期政権を維持、国際社会から今、独裁的と厳しい批判を浴びている。

外務省を退職後、カンボジアの貧困層を支えるＮＰＯのメンバーになり、現地の学校建設に力を入れている今川の胸中には、やるせない思いが募っている。「民主化という目標を掲げたＰＫＯだったが、今の政治体制は、われわれが目指した理念とは真逆だ。同胞が流した血は何だったのか」

②「ごめん、帰れない」——赴任先は「戦地」

国際貢献の実績づくりのために、明かされることのなかった「戦地」。自衛隊の動向ばかりが注目され、報道機関も目を向けていなかった文民警察官の赴任地には、どんな風景が広がっていたのだろうか。

カンボジア北西部アンピルはタイ国境に近いジャングルに囲まれた農村地帯だ。１９９３(平成5)年4月14日、ＰＫＯ要員の文民警察官、平林新一(63)は一人で国連の車を運転中、銃声と同時に自動小銃を持った男たちに囲まれた。

車から引きずり出され、冷たい銃口がこめかみに突きつけられた。死を覚悟し、ひざまずいて目をつぶり日本の家族を思った。「ごめん。お父さん、帰れないや」。数分が経過しただろうか。サングラス越しに目を開けると、ロケット砲や自動小銃を平林に向けながら車で逃げる男たちの姿が見えた。国連の車は奪われた。

命は助かったが、頭の中で警告音が鳴り響いた。「このままでは終わらない。次に襲われたときにはきっと殺される」

赴任先の村には至る所に地雷が埋まり、ロケット砲や銃が家の軒先に転がっていたが、自動小銃に対応できる防弾チョッキも防弾ヘルメットも支給されていなかった。

各地に配置された同僚も「戦地」の現実を目の当たりにしていた。

文民警察官は、現地警察へのパトロールの指導などが主な任務で、武器の携行は禁じられていた。しかし、別の地域にいた同僚は不在中に宿舎を襲われ焼き払われた。身の危険を感じ、ひそかに自衛用の自動小銃を購入した。宿舎付近にロケット弾が着弾する事件もあった。他国のPKO部隊員に現金を手渡し、身代わりにパトロールをしてもらった同僚もいた。

「PKO要員を殺害する」。不穏な予告は後を絶たず、平林は襲撃に備えて宿舎の周囲に土嚢《どのう》を積み上げた。外出できない日が続き、食料や水が尽きかけていた。

治安情勢は日に日に悪化していったが、首相官邸の危機感は薄かった。官房長官の河野洋平(81)は、文民警察官の主な任務は首都プノンペンで、地元警察の交通指導をすることだと思っていた。「派遣反対が強かった自衛隊の情勢ばかり気にし、警察官には目が行き届いていなかった」と打ち明けた。自衛隊の部隊は、安全といわれた地域に拠点を置いていた。

惨劇は平林の事件から3週間たった5月4日に起こる。オランダ軍の車列と共に平林の拠点を訪ねてきた高田が武装勢力に銃撃され死亡した。仲間4人も銃弾を浴びるなどして重軽傷を負った。「助けてくれ」。無線機から救助を求める同僚の悲痛な声を聞いた。襲撃現場にすぐに救助に向かうことができなかった悔いも残る。防弾チョッキが配備されたのは同僚の死の後だった。

平林は、高田が「機会があれば再び海外で仕事をしたい」と、周囲に語っていたのを同僚から聞いていた。将来は再び同じ地で「国際貢献」を担うことも夢見ていた。帰国後、活動内容をまとめた警察内部の報告書に、高田の遺志もくんで思いをぶつけた。

日本政府への要望欄にこう記した。「日本として最悪の状況にどう対応すべきか議論が必要だった」「われわれは、覚悟はできていた。危険地帯にいれば、危ないのは日本だけでなく、他国も同じだ」「ただ建前だけで派遣されるならごめんだ。人、一人の命の重みを忘れないでいただきたい」

帰国した他の警察官も報告書を提出した。しかし、現場で試行錯誤しながら蓄積されたＰＫＯ活動の貴重な経験が、生かされることはなかった。

当時を知る警察幹部は「(現地での)惨状が明らかになれば、国際貢献という国策に泥を塗ることになる。報告書には触れてはいけない雰囲気があった」と明かし「高田さんの死は、警察にとって国際貢献のトラウマになった」と続けた。

犠牲者を出すことはなかった自衛隊はその後も、ＰＫＯへの派遣を重ねたが、警察は少数の要員を東ティモールに２回だけ赴任させたのが最後となった。

カンボジアを記者(53)が初めて訪れたのは、大量虐殺の罪に問われたポル・ポト派幹部を裁く国際法廷の取材をした７年前だった。プノンペン郊外の虐殺現場「キリングフィールド」にも赴いた。のどかな田園地帯の一角に無数の頭蓋骨を収めたケースが残されている。ポト派が同胞たちに刃を向けた悲劇を語り継ぐモニュメントの前で足が震えた。

民族自決という「正義」を掲げたポト派によるその後の混乱を収め、民主化という「大義」を訴えたカンボジアPKOだけでなく、2018（平成30）年に開戦から15年がたったイラク戦争も、米国が民主化樹立という「大義」を唱えた。

力を持つ側の振りかざす「正義」や「大義」とは何なのか。何を残し、何を失ったのか。美名の陰で封印された事実を追い、その危うさに迫ってみたいと考えたのが取材の契機だった。将来、再び国論が割れるような事態に直面したときに、正義を振りかざす人々に対し、自分たちが冷静に向き合うことができるかもしれない、というささやかな挑戦でもあった。

③　幻の大義のもとで検証はおざなりに——次世代への「歴史」がない

戦争にどう向き合ったのか、その姿勢の違いが明確に浮かび上がる総括だった。

2003（平成15）年に始まったイラク戦争には、米国主導の有志連合に30カ国以上が加わった。参加国の中には、政府の政策決定プロセスを詳細に検証した国もあるが、開戦を支持した日本はわずか4ページの概要版を明らかにしただけだ。

英国は、2016（平成28）年7月に6000ページに上る詳細な検証報告書を公表した。「大量破壊兵器を持つ独裁者のイラクのフセイン大統領を追放して世界をより平和にする」として、当時の首脳陣が参戦に踏み切った根拠を丹念に掘り起こしている。

同国の独立調査委員会は7年かけて、首相のブレアら150人以上への聞き取りを積み重ね「不完全な情報に基づき政策が決定された」と断定した。15万件を超える政府文書を調べ上げ「不必要な戦争で、失敗だった」と結論付けた。現地の混乱の要因はイラク戦争にあると指摘し、「甘い見通しばかりで、占領後の社会の建設プランが欠けていた」と批判するコメントもある。米大統領ブッシュの言いなりだとして「プードル」とやゆされていたブレアの判断や政策を痛烈に指弾する内容だった。

「何があろうが、われわれはあなたと共にある」。開戦前年に無条件の米国支持を示唆したブレアとブッシュとのやりとりを、誰もがインターネットで見ることができる。英政府文書は20年を経過しないと原則公開対象にならず、首脳同士の会話内容はその中でも特に秘匿度が高い「秘密文書」として扱われている。

元駐ロシア大使で調査委員のロデリック・ラインは「米国との関係悪化を気にする英国政府は開示に抵抗したが、妥協はしなかった。判断の根拠となった情報の開示は、われわれの判断や調査に対する国民の信頼につながるからだ」と強調する。秘密指定の解除や公開許可は米国にも要求し、応じてもらった。ラインは「首脳同士のやりとりの公開が両国関係の悪化につながるとは思わないし、実際そうなっていない。民主的なアプローチの価値観を共有するのが真の同盟国だ」と訴える。

「イラクには大量破壊兵器がある」。米国がもたらし、各国がイラク戦争に参加する大義となった情報は、米国自身もその後、事実に反していたことを認めている。

日本は何をどう総括したのか。民主党政権が倒れる直前の２０１２(平成24)年12月、外務省は開戦支持の是非には踏み込まず、経緯をまとめただけの17ページの報告書を作成した。公表したのは薄い概要版のみで、大量破壊兵器が発見できなかった事実は「(当時は)証明する情報を確認できなかった」と釈明し、具体的な調査対象者も開戦支持の根拠も明かしていない。「各国との信頼関係を損なう」というのが理由だ。

だが開戦前、中東に駐在し現地の情勢を踏まえ異論を唱えた外交官がいる。レバノン大使の天木直人(70)だ。「武力でフセインを倒しても混乱するだけだというレバノン政府の懸念を何度も外務省に伝えたが、誰も聞く耳を持たなかった」と明かす。天木の「警告」が、報告書に盛り込まれたのかどうかも分からない。天木はこの「問題」が契機となり外務省を去った。

報告書作成当時の閣僚の一人は「政権内にも(開戦時の)小泉純一郎首相や川口順子《よりこ》外相に聴取すべきだとの意見があったが、政権は末期で体力がなく、実現しなかった」と、おざなりな検証だったことを認める。

開戦時に官房長官だった福田康夫(81)は「自分はいつでもインタビューに応じる用意があったが、外務省から誰も聞き取りに来なかった」と語る。イラク戦争後に首相を務めながら、自ら検証の旗を振る機会もあった。しかし、行動には移さなかった。

平成末期になって、イラクや南スーダンに派遣された陸上自衛隊部隊の日報の隠蔽が相次いで発覚した。次世代の平和構築に不可欠の「歴史」が、この国では手に入らない。

●**カンボジアPKO**　日本を含む44カ国が参加、1992〜1993(平成4〜5)年に活動した。要員は2万2000人で当時はPKOとして史上最大だった。民主国家樹立を目指し、国連カンボジア暫定統治機構が設立され明石康が代表になった。

●**高田警部補射殺事件**　1993(平成5)年5月4日にポル・ポト派とみられる武装勢力に射殺され死亡。同行していた邦人文民警察官4人も重軽傷を負った。国連平和維持活動(PKO)要員で唯一の日本人犠牲者だった。岡山県警出身。

●**小泉、ブッシュ会談**　小泉純一郎首相は、イラク戦争開戦から2カ月たった2003(平成15)年5月、ブッシュ米大統領の私邸に招かれ首脳会談をした。所有する牧場を案内されるなど厚遇ぶりが話題になり、蜜月ぶりをアピールした。

2　戦争に荷担する「平和国家」——イラク戦争の爪痕

①「なぜイラクに軍を」——米国に追随する日本に憤り

「おまえたちは日本人か」「日本人、よくない」。イラク戦争が始まって約1年が経過した2004(平成16)年4月7日、イラク西部ファルージャ郊外のガソリンスタンドで、地元住民が拳を振り上げ怒りをぶちまけていた。殺気だった視線が降り注がれる。路上生活を送る子どもたちを支援するため、首都バグダッドを再訪しようとしていた高遠菜穂子(48)ら邦人3人を乗せた車は、瞬く間に数十人の住民に囲まれた。

顔を布で覆い、ロケット砲や自動小銃を所持した男たちが直後に現れ、3人を拘束した。車内で男の一人は「おれはムジャヒディン(イスラム聖戦士)だ。子どもがアメリカに殺された」と明かした。

サダム・フセイン政権は、日本が支持した米国主導の戦争で崩壊した。だが、イラク各地で武装勢力との戦闘が続き、混乱が拡大していた。米軍の攻撃で一般市民の犠牲が相次ぎ、激しい反米感情がわき起こっていた時期だった。自衛隊は国連の枠組みを外れ、米主導の有志連合の一員として南部サマワに展開した。政府は「非戦闘地域」と説明したが、戦後初の「戦地」への派遣だと批判が高まった。

「おまえは日本人だから殺す。なぜ軍をイラクに送ったのか」。高遠らは、拘束された武装勢力の男に脅された。ナイフを首に突き付けられたこともあった。一方的な言い分に言葉を失ったが、一部のイラク人が日本を「敵」とみなしている現実を思い知らされた。

開戦後、米軍の攻撃を受けた町への支援のため現地入りを重ねていた。「日本が支持した戦争で命の危険にさらされている人がいる。償いの気持ちもあった」。沖縄からも米海兵隊がイラクに飛び立っていた。反日感情がくすぶり始めていたのは感じていたが、予想以上だった。

米軍の空爆で手足を失った子どもがいた。脳に損傷を受けたり、内臓が飛び出したりした子どもの姿も目の当たりにした。無辜《むこ》の市民を死傷させても誤爆と認めない米軍への届かない怒りを何度も耳にした。「戦争は弱い者たちに犠牲を強いる」。米国による「正義の戦い」の現実を心に刻んだ。地元武装勢力は、有志連合に加わったイタリアやオーストラリアにも怒りを向け、両国の民間人を拉致する事件も起こした。

拘束される前、高遠は日本を紹介する催しで訪ねたバグダッドの小学校の女性教師から、首相の小泉純一郎へのメッセージを託されたことがあった。「なぜ日本はイラク戦争に参加したのか。これは自由の戦争ではなく虐殺だ。あなた方が主張する民主主義はどこにいったのか」

知人で、紛争地取材を続けるイラク人カメラマンからは「原爆を落とされ平和な国になったはずだったが、日本は過去の戦争体験を忘れようとしている」と皮肉まじりに言われたこともあった。

２０１８(平成30)年３月で開戦から15年がすぎた。この間、米軍との連携を強化する安保法制が整備された。中東のテレビ局アルジャジーラは「戦後初めて自衛隊は海外での『戦闘』が可能になる」と報じた。「平和国家から軍事国家へ転換」との論評を掲載したエジプト紙もあった。平成の末期、自衛隊を正規軍にしようと改憲の動きが強まっている。

自衛隊が撤収し、日本人が忘れてしまった遠いイラクでは、日本が支持した戦争で住民が苦しみ続けている。米国に同調し、復興支援名目で現地に入った各国軍の姿もない。混乱に乗じて生まれた過激派「イスラム国」(ＩＳ)が一時伸長し、２０１８(平成30)年春現在も３００万人超が故郷を追われたままだ。新たな過激派の台頭も懸念されている。

元ＩＳの少年兵の社会復帰をはじめ、医療や難民支援のためイラクに足を運び続ける高遠は、帰国すると護憲派の集会に招かれる機会も多い。「あれだけ自衛隊の派遣に反対していたのに、撤収後は皆さんが現地の惨状に目を向けていない。それでいいのでしょうか。憲法を守ろうと訴えているだけでは世界は平和になれない」。高遠の訴えを、聴衆はただ黙って聞いていた。

高遠ら日本人3人がイラクで人質になった際、記者(53)は社会部の一員として事件を取材していた。事件を起こしたのはどんな連中か、拉致された状況や解放の経緯はどのようなものだったのか。東京で政府側の動きを追っていた。現地情勢を肌身で知ることはなく、安全地帯で当局情報をもとに記事を仕立てる自分に忸怩《じくじ》たる思いが残っていたのが、今回の取材のきっかけだった。

高遠ら3人は帰国後、自己責任論の嵐にさらされた。その高遠が「助けを待つ人たちがいる」と現地支援を重ねていることを知ったのは、ずいぶん時間がたってからだ。多くの帰還米兵が心的外傷後ストレス障害(ＰＴＳＤ)に悩まされて命を絶ち、既に撤退した自衛隊員にも少なからぬ自殺者が出たことも同じ時期に知った。

現地を訪ねたのは3年前の春だった。戦闘を避け難民キャンプに押し寄せる人の波を目の当たりにした。混乱は今も収まらない。自衛隊派遣に反対していた多くの日本人にとってもイラク戦争は遠い過去の話となっていたが、戦争は終わっていないと確信した。

「平和国家ニッポン」の在り方が変わろうとする中、日本が関与した戦争の実相や教訓とは何なのか。極限下に置かれた人々の内情に触れることは、自分自身の「贖罪」でもあった。

②　発砲すべきか、緊迫の夜――「戦死」に備え、ひつぎも

自衛隊幹部への要請は執拗だった。「米軍の輸送や給水の支援をしてほしい。日本の国際貢献をアピールできる絶好の機会だ」。依頼の主は首相である小泉純一郎の側近や外務省幹部たちだった。イラクでの復興支援をめぐり、米軍が展開する首都バグダッド周辺や北部に、陸上自衛隊（陸自）を派遣してほしいとの打診だった。「目に見える」支援を日本に強く求める米国への配慮が透けて見えた。

２００３（平成15）年5月の米大統領のブッシュによるイラク戦争の大規模戦闘終結宣言後も、地元の武装勢力による米軍への攻撃は絶えなかった。バグダッドでは国連事務所を狙った爆弾テロが発生し、デメロ事務総長特別代表ら24人が犠牲になり、国連の外国人要員が一時引き揚げる事態になった。

日々悪化する治安情勢を実感していた自衛隊幹部は「米軍は住民から『占領軍』と見られている。一緒だとわれわれが危ない。安全を確保できないと任務が達成できない」と激しく抵抗し、首相側近らの要求を押し戻した。

派遣先は米軍が駐留せず、比較的治安が安定しているとされた南部サマワに落ち着いたが、安全なはずだった場所も危険と隣り合わせだった。

陸自の宿営地には約2年半の派遣期間中に、十数回のロケット弾や迫撃弾による攻撃があった。

死傷者が出た時に備えて陸自は内密にひつぎを約10個、一般隊員に分からないように持ち込んでいた。自衛隊幹部は「陸自が狙われているという情報もあり、気が抜けなかった。戦地に近い状況だった」と明かす。

隊員の動揺や恐怖感を詳述した貴重な記録がある。メンタルヘルスケアのためサマワに何度か赴いた陸自の精神科医官の福間詳《ふくましょう》(60)がつづった備忘録だ。

宿営地に初めてロケット弾が着弾したのは2004(平成16)年10月22日深夜だった。警備に当たっていた20代の隊員の頭上を轟音《ごうおん》とともにロケット弾が飛び越えた。「ぴかっと光った発射場所はすぐ近くに見えた」。しばらく動悸が収まらなかった。宿営地内では、直後に「アーマー(戦闘防弾着)着用。各人はコンテナに待機」という警戒を呼び掛けるアナウンスが響いた。ロケット弾には信管が装着されていたが、幸い爆発は免れ、けが人も出なかった。

ただ、この20代の隊員はその後も暗くなると、当時の発射音や光景が思い起こされ恐怖感がぶり返した。生まれて初めての海外が、イラクの砂漠だった。寝付けない日が続き、体の震えが止まらない状態が続いた。急性ストレス障害と診断された。

同じ時、30代の隊員もすぐに身構えた。「まだそこに敵がいるかもしれない」「実弾を詰めるべきか、今度光ったら発砲すべきかもしれないと(同僚と)相談した」

翌日、宿営地にあるコンテナのカウンセリング室に、警備を担当した8人が集まった。惨事体験を自ら語って共有し、ストレス症状を緩和させる「デブリーフィング」という心理カウンセリングだ。日本では銃を扱う経験が少ない施設部隊の隊員らが、テーブルを囲み、福間やカウンセラーを前に心境を打ち明けた。

緊張する治安情勢に直面し、綱渡りの対応を強いられる隊員たちの姿を見た福間は、首相の小泉が「自衛隊がいる所が非戦闘地域だ」と繰り返し発言したことに「あきれてものが言えない」と、憤りもつづった。幸い死傷者は出ず、惨事に見舞われなかったが「法の支配がない環境下で何が起こってもおかしくない」と内情を記した。

自衛隊は海外で、一発の銃弾も発射していないことを自負する。だが、隊員の心理状態を把握した福間は、備忘録に明確に記した。「敵が至近距離に接近していると勘違いしたり、恐怖からパニック状態に陥ったりして発砲した可能性は十分考えられた」

③ 精鋭隊員が自ら命絶つ——帰国後も心がむしばまれ

陸上自衛隊員延べ約5600人のうち21人、航空自衛隊員延べ約3630人のうち8人が鬼籍に入った。2004(平成16)年以降、イラクへ赴任するなどして、帰国後自殺した隊員の人数だ。「体力的にも精神的にも問題ないとして選抜された『精鋭隊員』がこんなに自殺している。かなり高い割合だ」。現地部隊を何度か訪ね、カウンセリングを実施したこともある元陸自の医官は指摘する。

防衛省は自殺の理由を公表していないが、元医官は「長期にわたると心身に悪影響を及ぼす『過緊張状態』の隊員が、3割に上る部隊もあった。経験したことのない過酷な環境と過度な緊張も要因の一つだったのではないか」と分析する。砂漠の中の宿営地は、昼には60度を超える暑さになる。ただでさえ厳しい状況だ。

陸自隊員の一人は東北地方の40代の医官だった。隊員の治療だけでなく現地の病院の運営や機材の指導も担い、徹夜の作業が続いた時もあった。現地では周囲に「疲れている」とたびたび漏らしていた。帰国後にうつ症状が出た。やがて症状が重くなり、自殺を図ったこともあった。入院したが改善せず、帰国から1年後に、メスで太ももを刺し自ら命を絶った。遺書はなかった。

宿営地の警備の任務に当たり、ロケット弾による相次ぐ攻撃の対応に追われた30代の隊員は、日本に戻ると、車内に自ら練炭を持ち込み亡くなった。家族を残したままだった。現地では部下が市街地を走行中、米兵から誤射されそうになったこともあった。元医官は、この隊員が帰国後、米軍との共同訓練中に「彼ら(米兵)と一緒にいると殺されてしまう」と騒いだこともあった、と耳にした。

同じ時期、イラクで戦闘に明け暮れた米兵も深刻な苦しみを抱える。

元米陸軍兵ライアン・カーラー(34　カリフォルニア州在住)は、ＰＴＳＤに今も苦しむ。町中で軽油のにおいを嗅ぐと、同じ燃料を使う装甲車で戦っていた戦地を思い出し「激しい吐き気に襲われる」のだ。

開戦時から2回にわたり計2年2カ月間、イラクに赴任。装甲車が地雷で爆破され、運転手の脚が壊れたドアに挟まる事態に遭遇した。

上官の指示で、手持ちのナイフを使って脚を切断し運び出した。ほとばしる温かい血、夜空に響く叫び声、そして息を引き取る。「最後まで小銃を握りしめていた姿が目に焼き付いている」。多くの仲間が目の前で死に、自分だけが生き残った罪悪感にさいなまれる。

帰国直後は記憶障害、衝動的な怒りに襲われた。「消えてなくなりたいと何度も思った」。自分の舌をかみ切ろうとして家族に止められた。「血で染まった建物の上からイスラム教徒の男が米兵を切り刻んで自分に向かって肉片を投げつける」。悪夢にうなされ目が覚める。

父ティム(60)は、銃を自室の引き出しに入れ、鍵をかけて隠した。息子がいつ自殺してしまうのかと不安な日々を過ごし、一時は抗うつ剤が手放せなかった。

帰還兵の苦痛は米国社会をむしばむ。米退役軍人省によると、帰還兵の自殺者はイラク戦争後に増加傾向を示し、1日に20人以上の高止まりが続いている。2018(平成30)年11月、米西部カリフォルニア州で乱射事件を起こし10人以上を殺害して亡くなった容疑者は、ＰＴＳＤの疑いが濃厚とされた、アフガニスタンから帰国した元海兵隊員だった。

2012～2017(平成24～29)年にかけ、アフリカの南スーダンにＰＫＯ要員として派遣され、宿営地近くで大規模戦闘に巻き込まれた陸自の内部文書にはこう明記されている。「深刻なストレスを抱え、深い(心の)傷を抱えている隊員が存在する」

安保法制が整備され、米軍防護やＰＫＯでの駆け付け警護が新たな任務に加わった自衛隊は、これから隊員の心の苦悩にどう向き合っていくのだろうか。

●安保法制　集団的自衛権の行使は憲法の許容範囲を超えるとして歴代政権が禁じてきたが、可能にすることを柱とする安全保障関連法が2015（平成27）年に第3次安倍政権下で成立した。専守防衛を掲げた戦後安保政策の転機となった。

●惨事ストレス　大規模な災害や事故で、自衛隊員や警察官、消防隊員、ボランティアら救助者が受ける強いストレス。不眠や無力感、怒りなどの症状が出る。1995（平成7）年の阪神淡路大震災や地下鉄サリン事件を機に認知され始めた。

●隊員自殺に関する答弁書　政府は2015（平成27）年に閣議決定した答弁書で、イラクなどに派遣した陸上自衛隊と航空自衛隊の隊員計29人が自殺、インド洋に派遣された海上自衛隊員29人も自殺したと公表。派遣との因果関係の特定は困難としている。

3　自覚なき戦争協力

①　無人機が憎しみを増幅――「非対称」がテロ招く

日本にとって最も教訓となる戦闘を尋ねると「日本海軍が大敗を喫したミッドウェー海戦」との答えが返ってきた。1942年、第2次世界大戦中の出来事だ。「日本は勝つと思い込んでいた。

油断とか人間性が見えますよね」

加藤健二郎(57)は、兵士になろうと26歳で会社を辞めた。ミリタリー趣味は少年時代から。フランス軍の外国人部隊に志願したがかなわず、中米エルサルバドルで戦場ジャーナリストになった。1989(平成元)年にはニカラグア内戦、1999(平成11)年はNATO(北大西洋条約機構)のユーゴスラビア空爆。平成に入ってからの戦地取材は、62回を数える。

地面ではねた銃弾が当たって骨折したことがある。テロリストと疑われてあごを殴られ、気絶したこともある。「戦争という極限状態の人間心理に触れたくて、危険を承知で入った世界」だったが、次第に気持ちは冷めていった。

数百キロ離れた場所から標的を破壊する巡航ミサイル「トマホーク」。相手のレーダーに映らないステルス戦闘機――。生身の人間がどう動こうと、科学技術力の差が勝敗を分ける。力の「劣った国」の一般人の血が、あっけなく流れた。

防衛庁(当時)の委嘱で助言を行う「オピニオンリーダー」の一員だった2003(平成15)年、イラク戦争が始まり、首都バグダッドに向かった。チグリス川の上空を見上げると、窓がない奇妙な形の航空機が飛んでいた。無人偵察機プレデターだった。「こういう時代なんだな」。15年間の戦場取材に終止符を打った。

汚い(dirty)、危険(dangerous)、単調(dull)。「3D」とも呼ばれる最前線の過酷な任務から人間を解放する無人技術は、平成の時代に各国で飛躍的に開発が進んだ。

航空自衛隊（空自）の1等空佐は２０１６（平成28）年発表の論文で、人工知能（ＡＩ）技術が進展すれば、キラーロボットとも呼ばれる自律型致死性兵器が「いずれ戦場に登場してくる」と書いた。「戦争のリスクを減らすのに有益」との意見が国連の場で紹介されたこともある。推進論者の分析は冷徹だ。「自己保存の意欲がない分、人間より慎重に致死的武力を行使することが可能」「人間の感情（興奮、恐怖、疲労、復讐心）から生じる判断ミスも回避」

記者（37）が防衛省を担当していた２０１６（平成28）年度、領空侵犯の恐れがある外国機への空自機の緊急発進（スクランブル）が冷戦期の水準を超え、過去最多の１１６８回を記録した。「現場の負担は想像を絶する」。無人技術への期待を口にする幹部が増えたのもこのころだ。

防衛装備メーカーも無人化時代の到来を意識する。ある幹部は「例えば尖閣諸島の上空に、装備を搭載した大量のドローンを雲状に飛ばしておけば、無敵だろう。技術的にはそんなに難しいことではない」との持論を披露する。防衛省は小型の「水中ドローン」を開発済みで、大型化を進め、中国軍とせめぎ合う海域での活用を視野に入れる。

人口減少が進み、自衛官の人材確保に苦しむ防衛省が、無人技術に活路を見いだそうとするのは必然の流れだ。２０１７（平成29）年まで自衛隊の部隊派遣が続いた南スーダンＰＫＯのような危険と隣り合わせの現場でも、有効な技術となり得る。

このまま世界で無人化が進めば、戦地や危険な現場での人的被害が減るのだろうか。記者が加藤に問いかけると「あまりに楽観的な見方だ」と答えた。

加藤は、アフガニスタンの住民の言葉をそらんじる。「有人機に攻撃されるより、無人機にやられた方が憎しみが強い」。操縦者は米国のクーラーが効いたどこかの部屋にいる。同じフィールドに立っていない。

「圧倒的な軍事力が世界に秩序を与えるという大国の論理が、平和とは逆の結果を招いていないか」と加藤は語る。

対テロ戦で米国が無人攻撃を繰り返す一方で、欧米の都市では銃や爆弾によるテロが頻発している。軍事的な強者と弱者による「非対称な戦争」。危険なのは、もはや最前線だけではなくなった。

②「日本企業は原石」と米関係者――存在感増す民間技術

東京・秋葉原の電子機器専門店に、50歳前後の白人男性が訪れるようになったのは4年ほど前のことだ。海外からはアニメ文化に触れる目的で町を訪れる観光客がほとんどなのに、その男性は細かい電子部品を一つ一つ熱心にのぞき込んでいる。

男性はそれから月に1、2回は顔を出すようになり、英語を話せる店のスタッフとも打ち解けた。さりげなく勤め先を尋ねると「米国大使館の関係」と笑った。店員たちは真意を測りかねたが、部品の性能を高く評価してくれるのは素直にうれしかった。

平成に入ったころ、秋葉原では、米国防総省の関係者がお忍びで情報収集に来ているとのうわさが流れていた。記者(37)が取材した防衛省のある幹部も「釣りなどのレジャー用製品にも軍事で通用する技術が使われている。宝の山だ」と米関係者が話すのを聞いたと明かす。

米国が、自ら技術を開発する従来型の軍事研究から、世界各国の新技術を探して応用する「マッピング」へシフトしたのは、1991(平成3)年の湾岸戦争の後だ。

米軍は湾岸戦争で、ステルス戦闘機や相手レーダーを攪乱《かくらん》して無力化する「電子戦機」を投入した。高度なハイテク戦を展開してイラク軍を圧倒し、「軍事における革命(RMA)」の到来を世界中に印象づけた。その後、米国に遅れまいと各国で開発競争が加速し、さらに複雑化する兵器の開発費はつり上がった。攻防はやがて「兵器」のないサイバー戦へと拡大し、民間技術の存在感が増した。

防衛省きっての装備政策通と称される堀地徹《ほっちとおる》(54)は、湾岸戦争の数年後に読んだ米シンクタンクの報告書を思い出す。

軍事分析に定評があるその研究所は、日本企業の「実力」を数段階で格付けしていたが、大手防衛装備メーカーの評価はいずれも平凡だった。ところが、名前も知らない東海地方の企業が最高評価を受けていた。「どこだそれ」。思わず口をついて出た。

2002(平成14)年、堀地はニュースを見て驚愕する。日本人のノーベル賞受賞で注目された素粒子ニュートリノ。観測に大きく貢献した光電子増倍管の製造を手がけたのが、その企業だった。「ここまで民間をウオッチしていたのかと思い知った」。米国の視野は堀地が想像していた以上に広く、先見性もあった。

堀地が最初にシンクタンクの報告書を読んだところ、日本の防衛省では次に導入する戦車のコンセプトをどうするかという議論で手いっぱいだったことを思い出す。

平成社会に欠かせない存在となったインターネットやGPS(衛星利用測位システム)の原型は、冷戦期に米国が開発した軍用技術とされる。「米国は軍のニーズに合うと判断すれば、採算を度外視してでも資金を投入してきた」と東京工業大学名誉教授の山崎正勝(73)は解説する。

陸海空を主戦場とするかつての戦争なら、従来のやり方でもソ連崩壊後の「米国一極支配」を維持できるかもしれない。だが、サイバー、宇宙を巻き込む新時代の戦争でも優位を保ち続けるには、軍事の色が付いていない異なる技術と掛け合わせ、未知の戦力を生み出す必要があった。

米国は、戦後しばらく軍事から一定の距離を置いてきた日本に目を向けた。複雑な作業をこなせる災害用ロボットや新たな人工繊維素材がベンチャー企業から生まれ、金属加工を手がける下町の町工場では、機械作業よりも精密な昔ながらの職人技が息づいていた。

「どれほどのポテンシャルがあるか、企業自身が気づいていなかった」と堀地は言う。米国から見れば、軍事のイノベーションを予感させる魅力的な原石だった。

③ 学者版の経済的徴兵制か——タブー視薄れる軍事研究

大阪市立大学教授の山田裕介(47)は、防衛省が2015(平成27)年に創設した「安全保障技術研究推進制度」に応募した一人だ。ガスマスクに使える特殊フィルター素材の研究が採択され、3年間で約6000万円の助成が決まった。

防衛省が公募したのは軍民両用を意味する「デュアルユース」技術だ。山田自身は農薬散布や災害時など「民」に貢献する研究と捉えているが、「軍」の面でどう活用されるかは知らされない。自分の中で「直接的に人を傷つけるかどうか」を基準とし、大学もガスマスク関連技術ならば問題ないと判断した。

平成の半ばになると、大学への交付金は大きく削られた。今では学内で割り当てられる研究費は教員一人に年間80万円ほどになったが、山田の研究に必要な装置は数百万円以上がざらだ。スタッフの確保にも苦しみ、外部資金なしで研究を進めるには限界があった。

研究が防衛省に採択された後、大学近くで「軍学共同研究反対」のビラが配られた。通りかかった山田は内容を見て、あわてて手を引っ込めた。「心配は分からないわけではない。でも、軍事研究の定義とはそもそも何なのか」

制度批判の論陣を張る名古屋大学名誉教授の池内了(73)は「苦しむ研究者を札束で囲う学者版の経済的徴兵制だ」と指摘する。「科学者の国会」とも呼ばれる日本学術会議でも取り上げられ、賛否の議論が白熱した。

しかし、研究者の葛藤をよそに技術は軍事に接近していく。1995(平成7)年、米国防総省が「デュアルユース技術　最新技術を手頃な価格で入手する防衛戦略」と題する報告書を発表し、軍民融合時代の到来を告げた。当時はまだ、日本の大学に軍事研究をタブー視する昭和の雰囲気が色濃く残っていた時期だ。同じころ、経団連は、冷戦後の防衛装備予算の縮小が関連メーカーの経営を揺るがすとして危機感を表明するようになる。やがて、産業を維持する切り札としてデュアルユース推進を掲げ、研究現場に詰め寄った。

帝京大学名誉教授の志方俊之(82)は、民間技術が発達し、軍事技術との区別が難しくなった点に着目する。2003(平成15)年に打ち上げられた小惑星探査機「はやぶさ」は通信途絶などの苦難の末に帰還した。そのドラマチックなストーリーは日本人を感動させたが、海外の見方は異なるものだった。

「大気圏の再突入技術を完成させたのか」。元自衛隊幹部の志方に、米国などの研究者からメールが相次いだ。軌道を正確に計算し目標地点にカプセルを着地させる技術は、大陸間弾道ミサイル(ICBM)の能力の核心部分と受け止められていた。

防衛省の公募制度に手を上げた研究者たちに記者(37)が理由を尋ねると、「すべての科学技術はデュアルユース。軍事の側面だけを見て放棄するなら、何もできない。技術を使う側の問題だ」と口々に語った。それが心の内の葛藤を覆い隠したものなのか、抵抗感の薄れを示す発言なのかは判別できないが、「デュアルユースという曖昧な言葉が、心理的なハードルを下げたのは間違いない」と指摘する専門家もいた。

科学史家の河村豊(62)は、制度の本当の狙いは民間技術のデータベース化と、研究者の人脈づくりにあるとみて警鐘を鳴らす。

防衛省がこのまま制度を続けていけば、有用な技術がどこに眠っているか汗をかかずに把握できる。いったん研究者と信頼関係が築ければ、いざというときに技術的な助言を求めても断られにくい。米国流の「マッピング」に共通する考え方が垣間見えるが、それを指摘する研究者が少ないことに危機感も感じる。

千葉工業大学常任理事でロボット工学者の古田貴之(50)は制度に応募したが、審査途中で撤回した。防衛省の思惑を感じ、自分の技術がどう使われるか責任が持てないと考えたからだ。「ただ、こんな考えを持つ変わり者の研究者はほとんどいなくなりましたけどね」。寂しそうに笑った。

●**キラーロボット**　敵味方の識別や攻撃の判断をＡＩにゆだねる殺傷兵器で、危険性や倫理の問題を問う声が多い。２０１５(平成27)年、米国にある研究組織が英物理学者の故スティーブン・ホーキング博士らの署名を集め開発禁止を訴えた。

●**湾岸戦争**　米国中心の多国籍軍は１９９１(平成3)年1月、クウェートに侵攻したイラクに空爆を開始した。地上レーダーの電波をとらえ、発信源を破壊するミサイルなどのハイテク兵器で防空網を破壊、約40日間でクウェートを解放した。

●**日本学術会議の声明**　１９５０年に初めて戦争目的の科学研究をしないと決意を表明。防衛省の公募制度創設で改めて議論され、２０１７(平成29)年、「制度は装備開発につなげる明確な目的がある」と問題点を指摘した。

第II部 「豊かさ」が失われていく社会

第5章 コスパ社会の呪縛

養豚業者の敷地内の工場で，
豚のえさ用に仕分けられる
コンビニ弁当などの廃棄食品
（2018 年 9 月，千葉県内．画像の一部を加工）

長引く景気低迷から脱却する起爆剤にと、個人消費への期待が高まった平成時代。できるだけお金をかけず、より良い物を手に入れる「コストパフォーマンス」を重視する価値観が社会を覆った。無駄を嫌い、効率を追い求めた結果、私たちは一体どんな豊かさを手に入れることができたのか。

1　消費者という権力

①　消費期限前でも弁当がごみに――後ろめたさが薄れていく

東京の下町にあるコンビニ店で、オーナー歴約20年という男性が、弁当を抱えながら奥の部屋に消えていく。消費期限までまだ2時間あるが、本部の方針で廃棄する決まりだ。レジ打ちのフィリピン人店員の視線が痛い。

バーコードの装置をかざした瞬間、弁当は「ごみ」に変わる。誰かが持ち去って食中毒になったら責任問題になるし、弁当の山が消費者の目に触れるのも印象が悪い。「ごみ」は専用の倉庫に鍵を掛けて保管し、回収車が来るのを待つ。「もったいないとは思うけど、日々繰り返すうちに後ろめたさが薄れてくる」。オーナーは正直に打ち明けた。

店に巡回にやって来る本部の相談員は、お構いなしに言う。「廃棄、1日最低1万5000円分は出しましょう。2万円行くぐらいが売れる店です」。廃棄費用の大半はオーナーの負担になるから、できるだけ抑えたいのが本音だ。だが、本部に言わせると、結果的に売り上げでカバーできるということらしい。

元大手コンビニチェーン商品本部長の本多利範(69)は「お客さまは想像以上にシビアに判断する。食べたい物が店頭になかったら簡単に競合店に流れ、なかなか戻って来ない」と話す。客のニーズに対応できず販売するチャンスを逃すことは業界内で「機会ロス」と呼ばれ、これをいかに減らすかが店舗経営の死活問題とされる。品切れのリスクを回避するため、大量の商品を頻繁に納入するうちに、廃棄をためらわなくなっていく構図が浮かび上がる。

1970年ごろ日本に誕生したコンビニは、平成に入っても爆発的に増え続け、豊かさの象徴となった。24時間営業や豊富な品ぞろえは当たり前となり、現代人に欠かせない存在になったが、一方で商品の過剰供給も生んだ。節分当日しか売れない恵方巻きが大量に捨てられ、その写真がネット上に出回って業界が批判にさらされたこともある。

まだ食べられるのに、売れ残りや食べ残しとして流通の各段階で出る「食品ロス」。年間約630万トンに上る日本の総量は、飢餓で苦しむ人に対する世界の食料援助量の約1・5倍に当たる。

2005(平成17)年に来日したノーベル平和賞の受賞者ワンガリ・マータイは「もったいない」を重んじる日本文化を称賛し、日本人は自尊心をくすぐられた。だが、捨てるほど余った弁当は飢えた人のもとにはなかなか届かない。

記者(37)が横浜市に赴任していた2006(平成18)年、市内のあるNPO法人がコンビニの売れ残り弁当を再調理して、日雇い労働者やホームレスの人たちに提供し始めた。マータイ発言に触発されて環境保護に取り組もうとするコンビニ側の思惑と、NPO側の生活支援が一致した試みだったが、消費期限間際の弁当の再調理は時間との競争で、〝化粧直し〟できるのは1日に数十個が限界だった。取り組みは約10年で打ち切られ、NPOは解散した。

九州地方のある自治体は、売れ残ったコンビニ食品を貧困家庭の子どもに届けるプロジェクトに取り組もうとしたが、「子どもにごみを施すのか」という声もあって、計画段階で頓挫した。

日本の「もったいない文化」は称賛に値するものなのだろうか。記者が小学6年だった1993(平成5)年に起きた「平成の米騒動」を思い出す。この年は冷夏で深刻な米不足に陥り、タイ産の米が緊急輸入された。だが「日本人の舌にはなじまない」と敬遠する消費者が続出し、一部では大量廃棄の動きも出た。

同じころ、授業で「身近な環境問題を考える」というテーマを与えられ、近所のそば屋で割り箸が何本使われているか調べた経験があるが、タイムリーだったタイ米の廃棄問題が取り上げられた記憶はない。やがて日本米が普段通りに出回り始めると、騒動はあっという間に忘れ去られた。

平成最後の夏、記者は廃棄された弁当の行き先を探ろうと、千葉県内の養豚業者を訪れた。敷地内の工場には、首都圏のコンビニなどから回収された廃棄食品が積み上がっていた。毎月約6000トンがここに搬入され、粉砕、配合して豚のえさとなる。

「もったいないと言いながら、これです」。弁当やデザートが積まれた山の前で女性職員が嘆息する。コンビニで購入するのがばからしくなり、仕分け作業の合間に抜き取って食べたくなることもあるという。「でも、それって業務上横領になっちゃいますよね」。女性は記者が言いかけた言葉を見透かしたように笑ってみせた。

②顧客軽視で失った信頼——「もの言う消費者」現る

インターネット上で「ケンヂ」のハンドルネームを使う千葉市の男性会社員(46)は2016(平成28)年8月、一人暮らしの父の家で一通の契約書を見つけた。10台分のパソコンのウイルス対策などが受けられるサポートに、さまざまなオプションが付き、月額約1万4000円となっている。

父は当時82歳。昔からパソコンは好きだったが、父の家には1台しかない。認知症が進み、ケンヂが契約した経緯を尋ねても状況がほとんど理解できていないようだった。契約先の「PCデポ」は近所にある全国展開のパソコンショップだ。

ケンヂが店頭で説明を求めると、担当した店員の上司は父の直筆サインを見せ、「ご本人が同意している」と説明した。ケンヂは解約料として提示された約10万円をやむなく支払った。

「独居老人の父が高額サポート契約を結ばされてました」。ケンヂがツイッターで不満をつぶやくと、ウェブライターの一人が反応した。4万人を超えるライターのフォロワーが2人のやりとりを見て、次々に発言を始めた。

「おじいさん相手に」「長期的に見たら客商売として自滅」。あっという間にPCデポを糾弾する流れができあがった。

高度経済成長期には「物は作った分だけ売れる」と言われ、企業は消費者に対して圧倒的な優位を保っていた。生産拡大に突き進んだ一方、公害や製品事故、悪質商法の被害が吹き出し、多くの人たちが泣き寝入りを強いられた。

消費生活センターで相談員を約25年間務めた玉本雅子(84)は回想する。1980年代前半、金の販売をうたった「ペーパー商法」で数万人の被害者を出した「豊田商事事件」は特に悲惨だった。60代の被害男性の一人は、紙切れ同然になった大量の証券を風呂敷に包み、玉本がいたセンターに毎日持参した。「こんなにつぎ込んじゃって」。いつも同じ文言を繰り返し、自分を責めた。「他に行き場がなかったのだろう。力になれなくて悔しかった」と玉本は涙ぐむ。

製造物責任法(PL法)が施行された1995(平成7)年ごろから、消費者保護の機運が一気に高まり、ネットなどを武器に被害を告発する「もの言う消費者」も現れた。1999(平成11)年の「東芝クレーマー事件」では、購入したビデオデッキの不調を訴える男性に、東芝の渉外管理室の担当者は「お宅さんみたいなのはお客さんじゃない。クレーマーっちゅうの」と言い放った。男性が音声データをネット上に公開すると、爆発的に拡散した。製品の不買運動につながり、副社長が謝罪する事態に追い込まれた。

1990年代に大手百貨店のお客様相談室長を務めた関根真一(67)は、消費者のクレームや反応について「サービスや商品を改善するチャンスと取るか、理不尽と取るかで企業の将来は大きく左右される」と指摘する。

1991(平成3)年、消費者から「洗髪時に目をつぶるとシャンプーとリンスが区別できない」との要望を受けた化学メーカーが、シャンプー容器の側面に刻みを入れたところ、視覚障害者の人たちにも喜ばれ、ロングセラーになった。

半面、自社利益だけを追求する企業は痛烈なしっぺ返しを食らった。大型車の部品の不具合を把握した三菱自動車は1996(平成8)年、幹部会議で無料の大規模回収(リコール)を検討したが、多額の費用がかさむとの結論に至り、実施を見送った。その部品が原因で数年後に死亡事故が発生し、同社は激しいバッシングを浴び、経営危機に陥った。

ツイッターではケンヂのつぶやきに呼応して、PCデポの現役社員や元アルバイト店員を名乗る人も「参戦」した。「売り上げノルマ未達成が続くと減給される、と店長に言われた」。真偽は不明だが、問題の背景を解説する書き込みもあった。

PCデポのグループ企業は10万円の返還を申し出たが、ケンヂは「そういう問題ではない」と拒絶した。消費者心理を見誤った同社の株価は急落し、2年たった今も、以前の水準には戻っていない。

③「おい、生ビール」は1000円――スタッフは奴隷じゃない

若者たちでにぎわう東京都内の居酒屋「大衆和牛酒場　コンロ家」。2018（平成30）年夏、記者（37）が初めて訪れると、壁の張り紙に目が止まった。

〈おい、生ビール……1000円　生一つ持ってきて……500円　すいません生一つください……380円（定価）〉。思わず周りの客にならって「すいません」と言って注文の手を上げた。

張り紙の文章は続く。「お客様は神様ではありません。当店のスタッフはお客様の奴隷ではありません」。ビールの注文の仕方で値段を変える方法は、副社長の蒲池章一郎（34）のアイデアだ。

フランスのカフェが同種の取り組みをしているのをネットで知り、すぐに導入を決めた。「おい、生ビール」など三つの文言は、蒲池が客から実際に言われた経験に基づいている。張り紙には真意が正しく伝わるよう「一人一人が大切な宝物」とも書いた。

飲食業界に飛び込んで以来、イタリア料理店やバーなどを17年間転々としてきた。「お客さんがどれだけぞんざいな態度を取っても、店側は敬語で話さないといけない。この関係はなんだろうと、ずっともやもやしていた」と蒲池は打ち明ける。

客に「もっとへりくだった言い方をすれば、さらにビールは安くなるの？」と聞かれても「しません」と答える。目指すのは、偏り過ぎたと感じる客と店員の関係を対等に戻すことだ。蒲池には「店員がストレスを感じない空間の方が、お客さんにもいいサービスを提供できる」との確信がある。

昭和を飾った歌手、三波春夫の「お客様は神様です」というフレーズは、平成になっても社訓に掲げる企業があるほど有名になった。ただ、芸の道を究めるため、聴衆に真摯に向き合う心構えを説いた本来の趣旨が、気が付けば無条件に客の要望を聞く言葉へと変貌してしまった。

消費者問題に詳しい日本福祉大学教授の近藤充代(58)は「バブル崩壊後のデフレで外食業界は値下げを競ったが、限界を迎えて接客サービス競争に転じた。やがて『おもてなし』が過剰になり、消費者が慣れきってしまった」とみる。

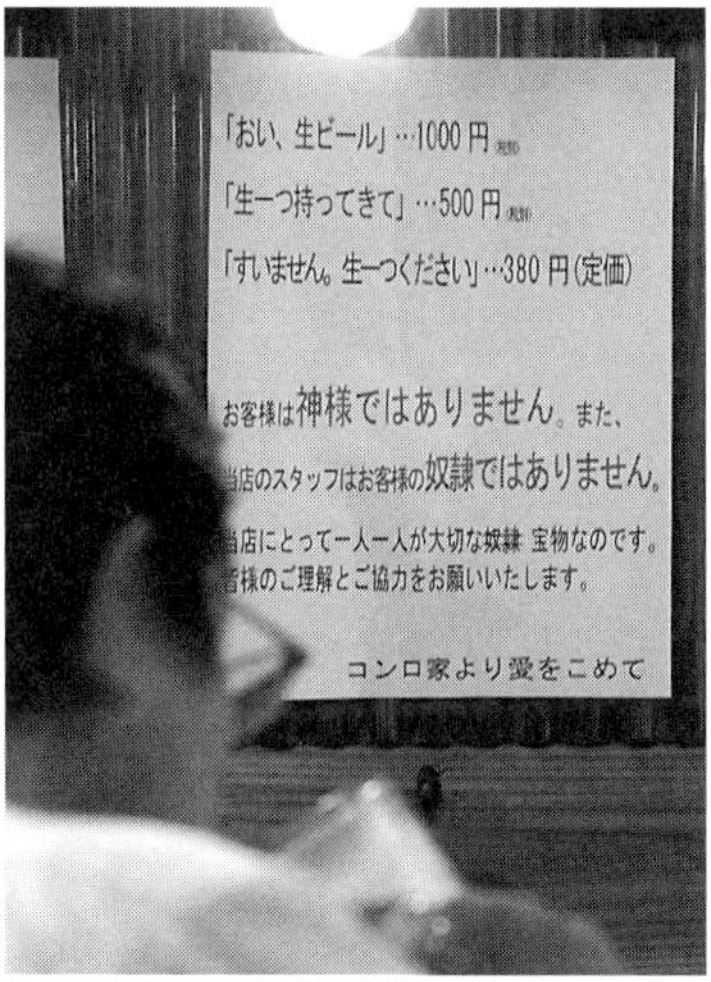

「大衆和牛酒場　コンロ家」の張り紙．反発の声もあったが，壁に張り続けている(2018年9月，東京都内)

大阪市に住むヤマト運輸のドライバーの男性(49)も、客から直接かかってくる電話の対応に頭を抱える。「配達の不在票を見た。今から10分以内に来い」「おまえの態度はなんだ。ネット上でさらしたる」。客に指定された再配達時間に行っても応答がなく、一つの荷物を届けるのに4、5回訪ねることも珍しくない。

これまでに配送先で土下座を5回したことがある。延々と怒鳴り散らす客の物言いはどれも理不尽に感じるものばかりだったが、土下座してでも仕事を終わらせ、一刻も早く帰って眠りたかった。今日もまた、無言で荷物を受け取った若者が荒々しくドアを閉める。がちゃりという施錠音が大きく響く。男性は「まともな社会じゃない」とうつむいた。

コンロ家の蒲池が始めた試みには「自分の店も何とかしたいと思っていた」と支持する意見もあったが、それ以上に反発の声が強かった。ある同業者に「そんなに嫌だったら飲食業をやるな」とネット上に書き込まれたこともある。やがて、酔ってもいないのに「おい、生」と挑発する客が増えていった。「今すぐ張り紙をはがせ」とすごむ電話もかかってくるようになり、店員がおびえだした。

記者は後日それを聞いてむなしさを感じた。張り紙をうっとうしく感じる客がいたとしても、ただ他の店に流れていくだけだと思っていた。蒲池に初めて話を聞いたとき、「お客さんより優位に立とうとしていると誤解されないよう一層気を引き締めたい」と語っていた。その口ぶりに覚悟を感じ、客として頻繁に店に通うようになった。

実際、蒲池やスタッフの接客は他の店以上に丁寧だった。

もったいない　ノーベル平和賞を受賞したワンガリ・マータイが「消費削減、再使用、資源再利用、修理の四つ」を一言で表す言葉として「ＭＯＴＴＡＩＮＡＩ」を国際語にと訴えた。２００５(平成17)年３月の国連演説でも引用した。

製造物責任法　１９９５(平成７)年７月施行。消費者は製品の欠陥を証明するだけで賠償を求められるようになり、企業に対抗しやすくなった。消費者の自立に向けた流れをつくり、２００９(平成21)年の消費者庁発足につながった。
●お客様は神様です　三波春夫が1961年、漫談家との掛け合いで口にした。後に、神前で祈るように澄んだ心になってこそ完璧な芸が披露できる、と趣旨を説明した。2001(平成13)年に死去した後も公式ホームページに掲載している。

2　進む「孤育て」

①「無償労働」はもう限界――性別役割、意識根強く

約20年前の家族の様子を撮影したビデオ映像を見返すと、神奈川県川崎市の小林香織(仮名54)はいつも複雑な気持ちになった。単身赴任先から一時帰宅した夫と久々に会えて、はしゃぐ子どもたち。一方、香織はずっと動き回っている。夫が子どもと遊ぶ間に少しでも家事をこなし、後で座る時間を確保したい。家族の休日を楽しむ心の余裕はなかった。

「仕事も家庭もどっちつかずの中途半端。そんな自分をずっと引け目に感じていた」。香織は男女雇用機会均等法の施行後2年目に大手電機メーカーに就職した「均等法第一世代」だ。入社して2年で結婚し、間もなく妊娠。当時は会社に育休制度が無く、長女を出産して約3カ月で職場復帰した。

職場では上司から「出産前より仕事のスピードが遅くなった」とため息をつかれ、時短勤務を終

えて帰宅してからは家事と育児の負担が重くのしかかる。夫は帰りが遅く、長男が生まれて2年後には、隣県へ単身赴任になった。

ある朝、子どもを保育園へ送り届け、職場の門の前まで来て、どうしても次の一歩が踏み出せなくなった。会社には体調不良と欠勤の連絡をし、きびすを返して喫茶店に向かった。ぼーっと何も考えずに1日を過ごす。そんな日が何回かあった。

赴任先から週末のたびに帰宅していた夫は、洗濯物をすべて持ち帰り、香織に洗濯を任せた。「私も働いているのに、なぜ自分でしないのか」と怒りもあった。でも争うこと自体が面倒くさい。いつも怒りを飲み込んだ。同僚の中には、何もしない夫に腹を据えかね、お守りのように離婚届を持ち歩く人もいた。

1980年には約1100万世帯と圧倒的に多かった専業主婦世帯数は徐々に減少し、1997(平成9)年以降は共働き世帯数が上回る。女性の社会進出に注目が集まったが、「夫は外で働き、妻は家庭を守るべきだ」という性別役割分業の意識は根強く残る。2016(平成28)年の内閣府の調査でも、男性が44・7％、女性が37・0％と、ともに約4割が分業を支持している。

「もう無理」。長男を出産して職場復帰し、しばらくたった2011(平成23)年春ごろ、ツイッターでそうつぶやいた。

2003(平成15)年に大手IT会社に就職した川崎市の工藤緑(仮名38)。同じ会社の男性(45)と結婚したが、夫は日をまたがないと帰宅しない。育児と家事の負担が緑の肩にのしかかった。台風の日、車で長男を保育園へ送るよう夫に頼むと「ちょっと今日は」と断られた。

緑はリビングで夫と向き合い、パソコンで作った一覧表を見せた。朝食を作る、食器を洗う、長男に着替えをさせる、洗濯物をたたむ……。育児と家事の一つ一つを、できるだけ細かく列挙した。約20に及ぶ項目を、必要な時間と回数に基づいて数値化すると、緑は「95％」、夫は「5％」と圧倒的な仕事量の差が浮き彫りになった。

自身は時短勤務で、緑には「自分が全部やらなきゃ」という思い込みがあったが、もうこれ以上耐えられない。「せめて保育園の送りだけはやってくれない？」とお願いすると、申し訳なさそうな顔をした夫は「ごめん」と言って引き受けてくれた。

家事や育児は報酬のない「無償労働」と呼ばれる。労働問題に詳しい和光大学教授の竹信三恵子（64）は、家事や育児が正当に評価されない現状を「家事労働ハラスメント」と名付ける。

竹信は、平成になって「家事育児は賃金の低い女性の仕事」という認識は変わってきたが「男女間の賃金格差は依然として大きい。『女性は家庭』の要因になっている男性の長時間労働は、解消されるに至っていない」と指摘する。

記者（40）は5年前に娘を出産後、育休中に緑と知り合った。近所で開かれた乳幼児連れの母親らの集まりでのことだ。次男を出産し、同じく育休中だった緑は、周りの母親よりも笑顔が多く、子をあやす態度に余裕が感じられた。

当時、記者は育児と家事を一人で担い、睡眠不足が続いていた。緑の笑顔の理由を知りたくて、思わず声を掛け、カフェに誘った。育児と家事をめぐり、緑が一覧表を作って夫に見せたと聞いたのはその時だ。「このままじゃ不平等だよ、って早く夫に言えば良かった。一人で抱えて、爆発した」と振り返っていた。

「送り迎えは私がするって、いつ決まったんだっけ」。数年前、働く母親の日常を描き、インターネット上に公開された動画が話題になった。育児と仕事の両立に奮闘する母親に、息子が「大丈夫？」と尋ねるストーリーだ。

職場復帰し仕事・育児・家事を一人でこなす「ワンオペ育児」中だった記者は、自分と母親との境遇が重なって涙が出た。だが、ネット上に「経済的に困っているなら仕方ないが、そうでないなら全く共感できない」との意見を見つけ、働く母親に対する世間の厳しい見方に戸惑った。

政府は「女性の活躍」を促進しているが、夫が長時間労働のため、妻はパートなど非正規の仕事を選ばざるを得ない現状もある。働く女性は約3000万人に迫るが、非正規が約半数を占めており、「『家事育児は女性の仕事』という意識の転換を難しくしている」と竹信は指摘する。

緑の夫は現在は海外勤務中だ。一覧表を作ってからの約4年間、夫は休日たまに掃除をするようになった。一覧表で「見える化」されたことで、夫にも「自分も家事育児の当事者」という意識が出てきたようだ。部屋の隅々まで掃除機をかけ、換気扇のフィルターもきれいにする。掃除はもともと、夫の方が得意だ。「90％対10％かな」。わずかだが、仕事量は変化した。

②子どもは割高なので、いらない――合理的にDINKSを選択

東京都内の外資系IT企業に勤める30代前半の女性は3月、忙しい仕事の合間を縫って、一つ年上の夫とともに2泊3日で沖縄を旅行した。「最近、一緒に休めてないから行こうか」。約10万円で海に近いリゾートホテルに泊まり、ゆっくり過ごした。「これで幸せ。子どもはいらない」

夫と合わせた世帯年収は、約1500万円になる。2016（平成28）年に結婚したが、最初から共働きで子どもを持たない「DINKS（ディンクス）」での暮らしを望んだ。

子どもは嫌いではないが、産休、育休を取れば収入は先細る。出産後、仕事を辞めざるをえない状況になるかもしれない。リスクとコストパフォーマンスを無視してまで子どもを産みたいとは思わなかった。

東京都内の有名私立小学校に通い、高校までエスカレーター式に進学した。大学は別の私立大に通わせてもらった。自分と同様の教育を受けると、大学卒業までに約3000万円かかるとの試算もある。

ピアノやバレエなどの習い事もやった。子どもを産むからには、せめて自分と同じぐらいの金はかけてやりたい。でも、それなら今の夫婦2人の生活を充実させたい。子どもを持たないことで得られる余剰資金を使って、マンションのグレードを上げた方が合理的だ。

「自分勝手と言われるかもしれないが、誰かのために生きているわけじゃない。『出産は社会のため』と言われても、社会が面倒見てくれるわけじゃないでしょう」

九州地方に住む伯母からは「早く産んだ方がいい」と言われる。ただ、幸い伯母の世代より子づくりのプレッシャーは弱くなった。自由に合理的に選択する時代が、平成になって初めて訪れたと感じる。

参議院調査室の分析では、0～18歳の子ども一人にかかる年間教育費は1980年で約10万円。それが1989（平成元）年に約21万円と倍増し、2017（平成29）年には約37万円とさらに増大した。

子どもを持つことと、生活とのバランスを考慮するのは何もDINKSの家族だけではない。記者（36）の妻（34）は自身が一人っ子だったこともあり、当初は3人の子どもの出産を希望していた。しかし、2014（平成26）年に長女が生まれると、「子どもが希望するだけの教育は与えたい」と教育費から逆算して学資保険などを探すのに躍起になった。第2子を授かったころには「2人が限度かな」とこぼした。

中央大学准教授（経済学）の松浦司（40）は「子どもを持つ喜びは不変だが、育児に質を求めると費用は高くなる。女性の高学歴化、社会進出を背景に、高い質を志向する親が増え、子を持つことが割高だと意識する時代になった」と解説する。

東京都立川市の女性会社員（35）は「メリット、デメリットを考え、より楽しいと思う選択をする自由が増えた」と平成時代の空気をとらえる。ファイナンシャルプランナーに相談し、子どもは長男だけの一人っ子を選択した。「子どもの教育に掛けるお金も、マイホームや旅行の質も我慢したくない。子どもが2人だと、どこかに妥協が必要になる」と明かす。

西日本の地方都市で生まれ育ち、かつては損得を考えること自体が「汚らわしい」とさえ思っていた。変わったのは東京で社会人として暮らすようになってからだ。「昭和的な我慢や忍耐より、自分にとって得があるかどうかで割り切る生き方ができる現在の方がずっといい」と話す。

バブル景気にわく1988年に「キャリアとケッコンだけじゃ、いや。」をキャッチコピーに生まれた雑誌『Ｈａｎａｋｏ』は、女性の価値観に大きな影響を与えた。自ら稼いだ金で、海外旅行やグルメを自由に楽しみ、ブランド物に散財する新たな女性像を提案した。

創刊編集長の椎根和《しいねやまと》(76)は、読者のターゲットを27歳の独身女性と「ＤＩＮＫＳ」に絞った。「自分が主役じゃないと満足できない」という未来の女性像を、30年前に予見したセンスには自負がある。

1988年当時の合計特殊出生率は1・66。椎根はすでに少子化の足音を感じとっていた。椎根自身が子どもを持たなかった。「好きなことをしたい。子どもがいたらできない」。椎根の哲学は『Ｈａｎａｋｏ』を通じて社会に浸透した。

③　面倒くさい人間関係が支え――ママ友の不通と即席のもろさ

自宅前に止まったままの救急車で、スマートフォンを握りしめた。「お願い、出て」。２０１４(平成26)年8月、東京都府中市の中尾章子(仮名41)は2人目を妊娠したが大出血した。車内でママ友の奈美にＬＩＮＥ（ライン）の無料通話をしたが、つながらない。２歳の息子が不安げに見下ろす中で、意識がもうろうとしていった。

前年、隣の市から引っ越してきた。「30代、１歳の息子がいます。公園で一緒に遊べる方」。章子は無料の会員制交流サイト（ＳＮＳ）ミクシィで呼び掛け、すぐに奈美がメッセージをくれた。言葉が遅い息子の発話を促すのに、同じぐらいの月齢の友達はありがたかった。奈美も自宅に子どもと２人でいるより、外で話せる相手を欲していた。お互いにとって心地よい相手だった。

不妊治療の末にやっと授かった２人目。10週の検診で心拍が確認できなかった。それから約２週間、自然に流産が終わるのを待ったが変化はなく、大出血したのはクリニックで流産手術をする朝のことだった。救急隊員がクリニックに連絡を取ったが、「大出血には対応できない」と受け入れを拒否されたと聞き、目の前が真っ暗になった。

救急隊員は電話で受け入れ先の病院を探し続け、救急車はずっと動かないまま。その間、何度も「子どもを今、ここで預けられる人はいませんか」と尋ねられた。息子が一緒だから病院から受け入れを断られているのだと思った。章子は九州出身で近くに親戚はいない。夫は出張中だった。頼みは奈美のほか、奈美を通じてＬＩＮＥでつながったママ友７人だけだったが連絡がつかない。

１時間後ようやく搬送先の病院が見つかり、一命を取り留めた。後になって、その日は幼児向けのイベントが近所であり、ママ友が全員参加していたのを思い出した。スマートフォンをマナーモードにしていたのかもしれない。

見知らぬ土地での子育てを乗り切るため、ＳＮＳを使った。自分の境遇に合う人を短時間で探し出し、即席で結びついた。「でもなんかもろい」。命が懸かった時に頼ろうとして弱さが見えた。ママ友を責めるつもりはみじんもないが、床に広がった血の海を思い出すたび、背筋が寒くなる。

２０１８(平成30)年9月、長女を出産した東京都武蔵野市の江口葉子(仮名30)の故郷は、沖縄県恩納《おんな》村《そん》。東京出身である夫の聡(仮名30)とは昨年結婚した。数年後には葉子の故郷に家族で移り住むと決めている。葉子が都会の暮らしで垣間見た、人の結びつきの弱さ。そうした中で命を育むことに、ためらいがあるからだ。

実家には親戚や近所のおばちゃんたちが自由に出入りし、何にでも口を突っ込む。今考えると、家は裕福ではなかった。両親は夜遅くまで働いていた。両親はともに7人きょうだい。おばたちは「見とくよー」と手を貸し、葉子や、知的障害のある弟の貴史(仮名25)、妹の絵美(仮名29)たちきょうだいと一緒に遊び、夕飯のおかずを差し入れてくれた。

ゴーヤ、トーガン、グワバ……。知らぬ間に玄関先に野菜や果物が届けられていることも珍しくない。「美味しいものはみんなで共有」。お互いの喜ぶ顔を想像し、分け合う暮らしの中で育った。「私にはお母ちゃんがたくさんいた」と葉子。母の千枝(仮名55)は「子どもをどこかに預けるって発想がそもそもない。みんなで育ててきただけ」と振り返る。

葉子自身も、何をするにも時間のかかる貴史のお母さん代わりだった。貴史は小学生の時、友達から「障害者！　ここを歩くな！」といじめられたことがある。「もう学校に行かない」と泣く様子を見て、葉子は「自分がいじめられたと気づけたんだね、すごいね」と成長を喜んだ。千枝は、貴史をどこにでも連れて行き「ずっと一緒に暮らしたい」と話す葉子の優しさに、何度も「母親の私が育てられている」と感じた。

一度は沖縄の外の世界を見たいと2006(平成18)年、葉子は就職先に東京を選んだ。子どもの声が漏れないよう窓を閉め切ったマンション。肩がぶつかっても、素通りする人たち。お互いさまを意味する「ゆいまーる」が都会にないと気づいて初めて、沖縄の暮らしに息づいていたと実感した。

「寂しい」。素直に口をついて出た。証券会社で働き始めたが、株価チャートにかじりつき、一喜一憂する顧客の姿を見るたび、お金はなくても豊かだった沖縄の暮らしを思い出した。

ゆいまーるのある暮らしは、時に面倒くさい。おばも、50人を超すいとこたちも、些細なことでよくけんかをする。葉子が彼氏を連れて帰った時は「男を連れてきた」と代わるがわる顔を見に来てにやにやする。そんな様子を見て、彼氏も笑っていた。

それでも、将来は家族で沖縄に戻る。今度は自分がみんなの母となって、お返しすることもできるだろう。あの面倒くさい感じを、長女に味わわせてみるのもいい。

ワンオペ育児　配偶者の単身赴任などで一人で仕事、育児、家事をこなす状態。ワンオペはワンオペレーションの略。2014(平成26)年、牛丼チェーン店の過酷な一人勤務が問題化。一人で育児を担う母親らに似ていることから使われ始めた。

●DINKS　子どものいない共働き夫婦を指す英語「Double Income No Kids」の略。米国で流行し、1980年代後半に日本に入った。自ら選択する夫婦のほか、結果として子どもがいない夫婦を含む場合もある。

●SNS　ソーシャル・ネットワーキング・サービスの略語。フェイスブックや、無料通信アプリのLINE(ライン)、短文投稿サイトのツイッターが代表格の会員制交流サイト。日本では2004(平成16)年ごろから利用者が増えた。

3　失われた身体性の回復

①　生身の自分に何ができる?――分業進み、社会にもろさ

東京都のゼネコンに勤める1級建築士の三阪貴俊(30)は2014(平成26)年、広島県尾道市にある祖父母宅を訪れた際、離れを新築する相談を受けた。普段は鉄筋コンクリート造のマンション設計を手掛けているので、木造家屋でもデザインのアイデアはわく。しかし、最終的な施工まで面倒を見る知識はない。結局、地元の工務店に全てを任せることにした。

「分野が違うんだから分からんよね」と慰めてくれる祖母に、相づちを打ちながら自問した。「これぐらい自分でできてもいいのにな」

三阪には自己完結できない社会のもろさを感じたきっかけがある。小学5年だった1999(平成11)年の大みそか。新年と同時にコンピューターが誤作動する「2000年問題」が起きる、と騒ぎになった。医療、金融、交通……。社会はあらゆるものがプログラムで制御されている。結局大きな混乱には至らなかったが、周囲の大人たちは推移をただ見守るしかなかった。

分業が進んだ社会は、自らが制御できる領域をどんどん小さくしていく。

記者(36)は1982年、岡山県北部の地方都市で生まれた。自宅が雨漏りすると、亡くなった祖父は自ら工具を使って修理をした。一方、東京で暮らす今の自分はどうだろうか。自身で直せる物は驚くほど少なく、パソコンや家電はおろか、子どもが破った網戸すら業者に修理を頼んだ。

わずらわしい問題は専門業者に解決してもらい、自分は仕事や余暇に時間を使える恩恵を日々受けている。外注した方が、素人の自分がやるより質の高いものができると思っている。いつしか費用対効果を考え、効率よく時間を買う生活がスマートだと考えるようになっていた。しかし、「生身の自分には何ができるのか」。ふと、三阪に似た疑問が浮かぶ。

三阪と出会ったのは2018(平成30)年4月、取材で訪れた岐阜県美濃市であった土壁の小屋作りのワークショップだった。同市の出版社敷地内にある鉄骨と簡易な屋根だけが残る物置小屋を、地元の自然素材を使って生まれ変わらせるというテーマだった。若い1級建築士と田舎の小屋という取り合わせに興味を引かれた。

ワークショップの指導者は、日本大学大学院を修了し、わらを使った家に関する研究で生物資源科学の博士号を取った米国人の左官職人カイル・ホルツヒューター(41)だ。

三阪ら参加者約10人は、籾わらと石灰を混ぜて作った天然の断熱材を、格子状に竹を編んで土壁の基礎とする日本伝統の竹小舞の間に詰め込む。その後、土壁を塗り、完成させていく。土とわらをこねて作る日干しれんが作りなども体験し、鉄骨とトタン屋根だけが残る倉庫跡を改築していった。

手で土をこねていると「緩いな」「ちょうどよくなってきたな」と感覚が研ぎ澄まされていく、と三阪は語る。同じ土でも、れんがを作るのと土壁用とでは必要な固さが違う。

指先に伝わるわずかな感覚の違いが、直感的に分かるようになってくる。一つ一つの工程を手作業で進め、完成させる仕事の豊かさに憧れる。日々の仕事ではなかなかできない体験だ。こうした経験を積んでいけば、祖父母の離れの新築といった案件でも、良い提案ができるかもしれない。

普段の仕事では、最もコストパフォーマンスの良い形で設計を考えないといけない。依頼者の多くは投資効果を意識するため、細かい構造計算などは外注し、外壁のデザインも既製品を取り寄せてコーディネートするのが定番だ。それ故、出来合いの工業製品を使わざるを得ない。

ホルツヒューターは「自然由来の材料で作る昔の家は再利用できて素晴らしい。今の家は壊したら全て廃棄物」と説く。

三阪は土壁などの天然素材で建てた住宅の内覧会に足を運んだことがある。中に入った瞬間、空気の心地よさを感じ、考え始めた。「マンションに取り入れるなら、どうすればいいだろう」

②　限界集落は「宝の山」――自給自足、身投げの覚悟で

山あいに広がる棚田は冬のうちから水を張る。微生物や水生生物に依存し、収穫まで人の手はほぼ入れない。果物や野菜などもバランス良く作る。山でとれたまきで風呂を焚き、料理する。ストーブの排熱を利用した床暖房も始める予定だ。

2017(平成29)年4月、ホルツヒューターは、岡山県久米南町の山腹にある上籾地区で、自然の循環を基に生活をデザインする「パーマカルチャー」の実践を始めた。

農業で栄えた上籾地区の人口は1950年代、数百人規模だった。山にはマツタケが豊富に生え、子どもたちがこぞって採った。高度経済成長の1960年代以降、住人は現金収入を求め都市に流れた。今も残る約90人の大半は高齢者で、小中学生は3人だけ。人の手が入らなくなった山は荒れ、マツタケも生えなくなった。

ホルツヒューターには日本人が捨てた限界集落が宝の山に見えた。「湧き水、山、田畑、ここには全てがある」。自然の恵みと共生する暮らしを学ぼうと、フェイスブックなどで情報を得た200人以上が共感し、この1年半で国内外から訪ねてきた。

東京都小平市の会社員、菅家《かんけ》久里子《くりこ》(46)もその一人だ。

「気持ちいいー」。2018(平成30)年4月、田んぼ作りを体験しに来た菅家は、里山に響くウグイスの声に負けない大声を上げ伸びをした。苗箱に土を盛り、種もみをまいて、また土をかぶせる。

スコップで大きな石を掘り起こし、水路を作る。食べ物の自給自足が目標という菅家は、作業が本当に楽しそうだ。

菅家の半生は平成経済のダイナミズムにもてあそばれた。短大を卒業した１９９４(平成６)年はバブル崩壊直後の就職氷河期。思い通りの内定は出なかった。２０００(平成12)年は外資系企業にいたが、ＩＴバブル崩壊のあおりで解雇された。それでも高収入を求め、転職を繰り返した。

２００７(平成19)年には外資系メーカーに管理職で採用されたが、「２桁成長」を絶対とし、会社の成長のためには製品の大量廃棄をいとわない企業風土に付いていけず退職した。「私は資本主義のサイクルでは幸せになれないな」と崖から身を投げる覚悟で、今までの生き方を見直す決断をした。

『うしろめたさの人類学』(ミシマ社、２０１７年)の著書がある岡山大学准教授の松村圭一郎(43)は「経済成長の時代は、あらゆる価値を金に置き換え、公害などの矛盾があっても目をつむってこられた。低成長の平成は、経済合理性の前に無視された自然や地縁などの価値に目を向ける人びとが現れた」と話す。

上籾地区にほど近い岡山県北部の地方都市で育った記者(36)は、田舎の面倒くささに耐えられなかった口だ。庭には祖父の小さな畑があったが、自分は農作業もほとんどやらなかった。近くのスーパーに行けば、汗をかかず、汚れることもなく、好きなものが買えた。

上籾ではホルツヒューターに勧められるままに種もみをまいてみた。種もみ同士が重ならないよう中腰での慎重な作業が続く。苗箱一つ分を終えるころには腰が悲鳴を上げた。想像以上の重労働に、菅家の決断の重さを実感した。

昭和の高度経済成長を経て、平成時代は多くの人が成長を指向する資本主義を当たり前に受け入れた。一方、ホルツヒューターが目指すのは、自然の恵みと先人の残した資源を維持し、管理する経済だ。

ため池の反射光で斜面の一部が周囲より暖かくなるのに気づくと、この地域で通常実らないミカンの木を植えようとひらめく。現金収入も大切だ。元々、植わっていたゆずは地元農協よりも高い値で買い取ってくれる関東地方のクラフトビール工場におろす。

近所の猟師が山で捕れたイノシシを差し入れに来ると、血抜きの方法やさばき方を教わる。「この老人たちの生きる知恵は素晴らしい。できる限り引き継がないと」。真剣な表情で語ってくれた。

③　地域通貨、感謝で流通——互いの人格取り戻す

東京都国分寺市でうどん店を経営する仁田譲《にったゆずる》(70)は2013(平成25)年、客の親子から「おいしかったです」とのメッセージが書かれた名刺大のカードを受け取った。同市の有志が発行する地域通貨「ぶんじ」だ。感謝の言葉と日付を書き添え、参加商店などで100円分として使える。

「どこで手に入れたの」と仁田が尋ねると、小学生の子どもは公園の清掃活動に参加した時にも

らったという。仁田は短いやりとりの中に地域とのつながりを実感した。

２０１２(平成24)年秋に誕生した「ぶんじ」は、有志が関わる地域清掃や祭りの準備などに参加すると、お礼としてもらえる。これまでに１万４０００枚(１４０万円相当)を発行した。飲食店や美容院など35の参加店で使え、希望すればおつりの一部を「ぶんじ」にできる。どちらも渡す際に、相手への感謝の気持ちをカードの裏面に記入するのがポイントだ。その結果、流通するたびに感謝のメッセージが増えていく仕組みになっている。

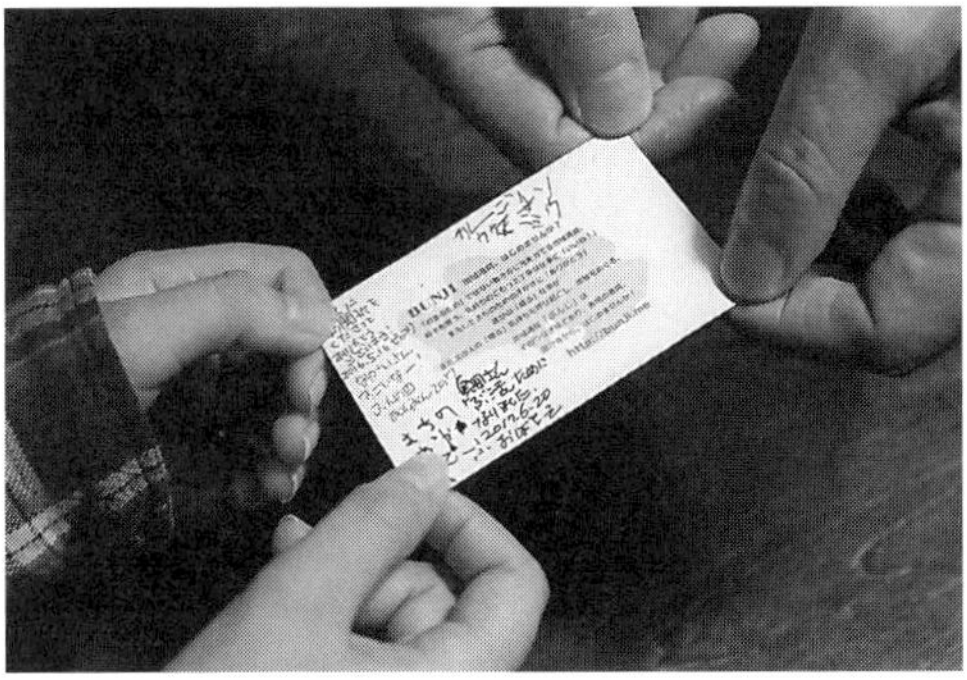

感謝の気持ちを書いて手渡される地域通貨「ぶんじ」(2018年9月，東京都国分寺市)

発起人の一人でカフェ経営の影山知明(45)は、感謝の気持ちが媒介する「ぶんじ」は貨幣の意味を変える可能性を秘めていると感じる。

影山のカフェでは毎年4月、よもぎ餅を販売する。スタッフ総出でヨモギを摘む。腰は痛いし、ゆでるのも手間だ。売り出すよもぎ餅は一皿６５０円。市販のパウダーを使えば半額で済む。客が認識できるほどの味の差はないかもしれない。それでも、よもぎ餅を買ってくれる客は、作り手の思いも一緒に受け取っていると信じている。

しかし、不景気が続いた平成時代は「安いほどいい」という価値観が社会を覆った。

大阪市の会社員、武藤嘉春(40)は、シャッター通りになった地元、岐阜県多治見《たじみ》市の商店街を見ると寂しさを感じる。子どものころは活気があったが、20年ほど前から郊外型の大型量販店に押され、空き店舗が増えた。

長男の出産を控え、古くなった電子レンジを新調する際、郊外の家電量販店で店員から製品の特徴の説明を受けて、気に入るものを見つけた。

提示された価格は9万円台だったが、インターネットの価格比較サイトを見ると6万円台だった。店員とも交渉したが価格差は大きく、結局ネット経由での購入を決めた。商店街を追い詰めた量販店も、ネット通販の前では「商品展示場」だ。そこに価格以上の価値は存在しない。

効率的に金と物を交換する「消費」は、互いの人格を消し去っていく。「ぶんじ」はそうした売り手と消費者の関係に、感情を取り戻そうという試みだ。

影山のカフェでは月に一回、500円分の「ぶんじ」だけで食事ができるイベントを開いている。記者(36)が参加した日は、市議会議員から小学生まで年齢も職業もさまざまな約20人が参加し、カフェが用意したスープカレーや、各自が持ち寄ったデザートなどに舌鼓を打った。

「これ、私が書いたやつだ」。参加者が「ぶんじ」にメッセージを書き込んでいると、横で見ていた女性から歓声が上がった。ボランティアで手に入れたという「ぶんじ」を使った子どもが褒められ、照れくさそうにしている。初めて会った人たち同士のはずなのに、自然とつながっている。

影山によると、使用する際に気持ちを書き込む「ぶんじ」が流通する経済は、お互いの人格を尊重することでしか成り立たない。「ぶんじ」に10個あるメッセージ欄がいっぱいになると、それ以上使えなくなる。事務局に持って行くと新しい物と交換できるが、ほとんどの人は10通りの思いが込められたカードを大事に手元に置いている。

2000年問題　西暦を下2桁で処理しているコンピューターが2000(平成12)年を迎えた際、「1900年」と勘違いして誤作動する恐れがあった。JR東日本などは安全確保のため、越年の時間帯に運行する電車を一時停止させた。

就職氷河期　バブル経済が崩壊し、景気が後退した結果、企業が採用を絞った時期。一般的に1993(平成5)年から2004(平成16)年ごろとされる。バブル期に1・00倍を超えていた有効求人倍率は、最低で0・48倍まで落ち込んだ。

シャッター通り　中小商店の保護を目的にした大規模小売店舗法が2000(平成12)年に廃止された。地方都市では、シャッターを下ろした空き店舗が並ぶ商店街が増加。2009(平成21)年度以降、商店街の空き店舗率は10％を超えている。

第Ⅱ部 「豊かさ」が失われていく社会

第6章 「多様性社会」はまだか

LGBT の祭典「東京レインボープライド」で
パレードする参加者たち
(2018 年 5 月，東京都渋谷区)

1998（平成10）年、国際児童図書評議会のニューデリー大会に、皇后美智子さまが一通のビデオレターを寄せた。「読書は、人生の全てが、決して単純ではないことを教えてくれました。私たちは、複雑さに耐えて生きていかなければならないということ。人と人との関係においても。国と国との関係においても」。平成の30年間は、日本人だけでなく、世界中の人々が「多様性」との向き合い方を問われた時代だった。異質なものを受容し、共に生きる意義は理解できても、実際に多様性を受け入れるには時間も手間もかかる。社会の分断が顕在化した時代、私たちは複雑さを抱えながら生きることができるだろうか。

1 隣人としての外国人

① 移住30年、共生なお遠く——「この町は日本の将来像」

SUBARU（スバル）やパナソニック（旧東京三洋電機）など、大企業の下請け工場を抱える群馬県大泉町。県内で最も面積の小さい自治体に、44カ国の外国人が居住している。1990（平成2）年の入管難民法改正で、日系二世、三世に就労制限のない在留資格が与えられ、外国人の流入は一気に進んだ。町の総人口に占める割合が1・6％だった1989（平成元）年から、2018（平成30）年には5人に一人となる18％に大幅に増加した。うち半数以上は日系ブラジル人が占める。

「そろそろ遺骨のことを考えた方がいいですね」。町役場に勤める加藤博恵は2005(平成17)年、異動した国際政策課で引き継ぎを受けた。3年前にバイク事故で死亡した日系ブラジル人少年の遺骨が、近隣の寺に預けられたままになっているという。近くに住んでいた父親は、少年の母親と離婚したのを理由に引き取りを拒んだ。ブラジルの貧民街で暮らしている母親には、来日する経済的余裕がなかった。

加藤は東京のブラジル総領事館に掛け合い、本国の母親への橋渡しを依頼した。町役場がやるべき仕事か戸惑ったが、死者の尊厳をおろそかにはできないと思った。ブラジルへの遺骨返還が正式に決まった後、母親と思われる人物から寺に電話がかかってきた。外国語で内容は不明瞭だったが、懸命に謝意を伝えようと受話器の向こうで泣いていたという。

「外国人と共生するとは、ハレの日(非日常)よりもケの日(日常)が多くなるということだ。一過性のイベントではなく、毎日顔を合わせる生活者として付き合う覚悟が必要になる」と加藤は言う。たまに会うだけの相手なら、愛想笑いでその場をやり過ごすことはできる。しかし、相手がどうして笑っているのか理解できなければ、共に生きるのは難しい。

日本人の関心が国外にも向くようになり、世界で活躍するグローバル人材が脚光を浴びた平成時代。同じ時を、大泉町は「内なる国際化」とともに歩んできた。

「当時は『国際化と言えば英語』というイメージだったが、大泉にやって来る日系のブラジル人やペルー人には、英語が通用しなかった。片言の日本語ができる程度だったので、とにかく困惑した」。平成初期に町役場に勤務していた男性は感慨深げに振り返る。

外国籍の子どもたちへの日本語教育を充実させようと、町は全国に先駆けて1992(平成4)年までに町内の全公立小中学校に日本語学級を設置した。急増する外国人との交流を深めるため、サンバのイベントも定期的に開催した。日本中から多くの観光客が訪れ、多様性を重視する自治体としても知られるようになった。

約10年前からは、日系人が日本の文化やマナーを各国の同胞に広める「文化の通訳」として活動を続けている。約500人いる登録者の一人、ブラジル人学校教諭の天野クラウディア(44)は「繰り返し日本流のマナーを説明してきたので、外国人の理解も進んだ。ホスト側の日本人もずいぶんオープンになってきた」と相互理解の成熟を強調する。

2011(平成23)年の東日本大震災の際、天野らブラジル人学校の15人は、宮城県と福島県でボランティアに加わった。炊き出しでは珍しいホットドッグを提供し、被災者らに好評だった。「困っているときは助け合う。日本人も外国人も関係ない」。天野らの行動に迷いはなかった。15人の活躍は黙っていても大泉町民の耳に入った。

別の日系ブラジル人は「まずは日本人に良いイメージを持ってもらうことが必要だ」と、十数年前から町のボランティア清掃に参加してきた。作業の時はわざと目立つ帽子をかぶってアピールし、その活動は新聞記事にも取り上げられた。

日本社会に溶け込もうと、さまざまな場面で努力を続けてきた外国人たち。30年を経て日本人との共生は進んだように見えるが、群馬県が2016(平成28)年に実施した調査では、約7割の外国人住民が日本人との積極的な交流を望む一方で、日本人側は約1割にとどまることも明らかになっている。

「町独自の施策を講じてきたことで共存は進んだ。しかし、お互いを尊重しあえるような多文化共生には至っていない」。町長の村山俊明(56)は率直に現状を分析する。少子高齢化が進み、外国人の労働力に活路を見いだそうと苦慮する平成末期の日本。「この町が経験した30年間は、これから日本の地方が直面する将来像になるだろう」。村山の予言には、実践を積み重ねてきた者ならではの響きがあった。

②　わが町はよそ者に支えられて——共生の芽、忖度が摘み取る

「ここはよそ者がいないと成り立たない町なんだよ」。大泉町の住民は、故郷をそんな風に表現する。古くからの町民に加え、高度経済成長期には全国から大企業の下請け工場に労働者が集まり、町は活気づいた。平成初期のバブル景気のさなかには、新たに外国人が労働力の担い手として加わった。

だが、1990年代も後半になると、生活習慣の違いからゴミの出し方や騒音など、日常のマナーをめぐって日本人と外国人とのトラブルが頻発するようになった。日本人同士なら気にとめない

ような犯罪も、外国人が関係すると悪いうわさとしてすぐに広まった。言葉の調子が強いポルトガル語を聞いただけで、「意味の分からない外国語を大声で話すのが怖い」と敬遠する高齢者も少なくなかった。

ブラジルが優勝した2002(平成14)年のサッカー日韓ワールドカップでは、歓喜したブラジル人が県道に繰り出した。数時間にわたって交通を麻痺させる騒動が起き、外国人に対する日本人住民の感情は悪化していった。

露骨な排斥運動は起きなかったが、さまざまな場所で対話が失われた。子どもが公立小に通っていた日系ブラジル人の女性は2003(平成15)年、横断歩道で通学児童の安全を見守る「旗当番」から、何の連絡もなく除外された。外国人には無理だというPTA側の忖度が理由だった。女性は「身ぶり手ぶりでも、やり方を教えてもらえば旗当番はできる。仲間として認められていないのだと感じた」と残念がる。

群馬大学教授で多文化共生に取り組む結城恵《ゆうきめぐみ》は「せっかくの共生の芽を日本人の側が摘んでしまうケースは少なくない。『外国人にはどうせ分からない』とレッテルを貼り、距離を置くのは日本社会にとってもマイナスだ」と対話の重要性を訴える。

結城は外国人の友人から「日本語が不自由なので、病院で症状を説明するのに困っている」と聞かされ、2006(平成18)年、群馬大病院にポルトガル語や日本語など4カ国語によるタッチパネル式の簡易問診票を設置してもらった。「外国人向けなのに、どうして日本語が必要なのか」という声もあったが、運用してみると、意外にも最も使われていたのは日本語だった。それまで聞くとや話すことに困難を抱えていた日本人が、積極的に活用したのが理由だった。結城は「外国人の声に耳を傾ければ、私たちが見落としていた日本社会の課題を発見するきっかけが見つかるかもしれない」と共生の意義を説く。

大泉町では、増え続ける外国人の人口が、逆に日本人との没交渉を加速させる要因にもなってきた。2018(平成30)年の町の人口約4万2000人のうち、ブラジル人は4000人を超える。幹線道路には外国の雑貨店や飲食店が軒を連ね、日本人と接点を持たなくても母国語だけで生活できる環境が整っている。

分裂が進みかねない状況を抱えながら、町の民間ボランティアは双方の交流の場づくりに腐心してきた。1990年代に始めた日本語講座には、これまでに延べ1800人の外国人が通った。日本語検定を目指す受講生もいるが、スーパーの特売日など生活情報を交換する憩いの場にもなっている。

「ボニータ!(かわいい人)」。ブラジル人の黒岩ダルシー(52)は、講師の平艶子《たいらつやこ》(72)の姿を見つけると、いつも近寄ってハグをする。小さな平は大きな体に包まれながら笑顔を見せる。

2年前から通うダルシーにとって、平は心を許せる数少ない日本人だ。「日本人は少し冷たく感じるけど、艶子は辛抱強く教えてくれる。国にいる母のことを思い出す」

45年前、長崎県佐世保市から移り住んだ平にも、ダルシーは特別な存在になった。「自分をさらけ出さないと相手も心を開いてくれない。よそ者同士だから、通じ合う部分があるのかもしれない」。夫に先立たれた体験も素直に話せる。

しかし、積極的に外国人と関わろうとするのは、いまだにボランティアや一部の日本人住民に限られる。スペインやポルトガルなどの語学講座を開催すると、最近は外国人の参加が目立つようになった。故郷から遠く離れた大泉の地で、外国人同士が異文化を学び、友人を作ろうと意欲的に活動している。平はうれしい半面、ホスト国の影の薄さに気をもんでいる。

③ ルーツを手放す出稼ぎ二世――「摩擦なき統合」に違和感

40人クラスの6年1組には、日系ブラジル人の児童が5人いた。大泉町立小学校を2007(平成19)年に卒業した加藤ゆかり(24)は、懐かしそうに卒業アルバムをめくった。入学した時からいつも周囲に外国人がいる環境で育った。

1990年代には外国人児童へのいじめや差別があったが、加藤の時代には人数も増え、「日本人でないこと」は、子どもたちの間では特別な意味を持たなかった。そうした背景もあってか、外国について学ぶような授業はなく、教室にはブラジルの本も置いていなかった。肌の色や国籍を気にすることなく、皆が仲良く過ごせる気の置けない場所だった。

高校に進学すると、中学までの生活は特別なものだったと気付いた。町外の人から「大泉の学校では外国人差別があったんでしょ」と言われ、「そんなことはない」と強く反発した。しかしそういう自分もブラジルについては「サッカーが強い」程度の知識しかなく、「日系人」の意味も分からないまま大学生になった。

卒業から8年たった2015(平成27)年の成人式で、小学校の同級生と再会する機会があった。「元気か。俺は定時制の高校に行ってさ」。仲の良かった男子が話しかけてきた。どっしりした体格や顔つきを見て、思わず「外国人だ」と一線を引いた自分を、加藤は少し恥じた。

かつてポルトガル語を話すことができた女子は、日本語しか使えなくなっていた。人ごとのように「もったいないよね」と言い、「日本にいるなら外国人も日本のルールに従うべきだよ」と、日本人みたいに語った。友人の多くが「ブラジル国籍は持っていても仕方がない」と口にした。

外国籍を理由に家の賃貸契約を拒否され、就職活動ではそれとなく差別を受ける。社会に出た後の同級生たちの苦労は、加藤も知っていた。それでも、自らのルーツを手放そうとする態度には違和感を覚えた。

「外国人と意識せず、仲間でいられる大泉の学校は素晴らしいと思ってきた。でも彼らからすると、摩擦も葛藤もないまま勝手に統合されてしまった感覚なのではないか」

そう考えた加藤は成人式の後、半年間トルコへの留学を決めた。自らがマイノリティーになるために、あえてなじみのない土地を目指した。

「外国人」になってみると、言葉が通じないストレスは想像以上に大きかった。「時間にルーズな現地人にいらだつ自分は、やはり日本人だ」と再認識させられた。

小学生のころは、同級生の身の上を想像することができなかった。家庭でも学校と同じように日本語を話していると思い込み、夕食の団欒《だんらん》で両親とポルトガル語で会話する姿は浮かばなかった。先生が配った便りの内容が、外国人家庭にだけ伝わらなかったり、集金が遅れたりすることがあったが、当時は日本語が不自由な両親に原因があるとは思わなかった。

記者(48)が加藤の話に引き込まれたのは、かつて同じような悩みを抱えるブラジル人家庭の取材に関わったことがあったからだ。

2010(平成22)年7月、兵庫県宝塚市で日系ブラジル人の女子中学生が自宅に放火し、実母と義理の父、妹の3人を死傷させる事件が起きた。女子生徒はブラジル生まれで、4歳の時に母親に迎えられ来日した。事件の時にはかなり日本語が上達していたが、母親は片言しか話せなかった。「日本語が分からないから、子どもの宿題を見てあげられない」「学校からのお知らせも読めない」。近所に住む日系ブラジル人は、片言の日本語で自分たちの抱える苦悩を語ってくれた。そこには仲の良かった親子が、子どもが日本になじむほどに、断絶を深めていく現実があった。

女子中学生の犯行動機には、母親から受けた虐待や、義理の父親との関係、学校でのいじめなど複雑な要素が絡んでいた。だが、それ以上にこの事件を忘れられないものにしたのは、彼女が周囲に漏らした一言だった。

「だんだんポルトガル語がしゃべれんようになってきた」

何気ない言葉だったかもしれない。ただ、私には、母語やアイデンティティーが失われていく我が身の現実に、どう抗えばよいのか分からず、助けを求めている声のように聞こえた。

加藤は、筑波大学の大学院で外国人との共生に関する修士論文に取り組んでいる。研究対象は、平成初期に大泉町にやって来た出稼ぎ世代の二世たち。自らの意思で日本に来た親世代とは異なる価値観を持つのが特徴だ。

加藤の同級生だった男性は言う。「中学まで自分は日本人だと思っていた。ルーツやアイデンティティーなんて気にする必要もなかった。社会に出てみると、そうではないと思い知らされたけど……」

出稼ぎ二世の子どもたちは、一刻も早く日本語を身につけ、日本に溶け込む生き方に「最善」を見いだそうとしている。しかし、それは望ましい共生のあり方なのか。

大泉町で育った加藤だから、たどり着いた問いでもある。

内なる国際化 人、物、サービスなどが国境を越えて移動する「国際化」が、日本の地方でも進行していく状態。経済的に豊かになった日本には1990年代以降、出稼ぎ目的でやって来た外国人の定住化が進み、日本人との共生が課題になった。
多文化共生 国籍や民族の異なる人々が文化的な違いを認め合い、対等な関係を築きながら地域社会の構成員として共に生きること。総務省は2006(平成18)年、全国の市区町村に多文化共生の実現に向けた指針や計画の策定を求めた。

日本語指導が必要な子ども　文部科学省によると、公立小中学校に在籍する外国人の児童生徒で、日本語指導が必要なのは2016（平成28）年に約3万1000人で、1991（平成3）年の5倍強に増加。ポルトガル語が母語の子が最も多い。

2　虹色の性を探して

①「永久的に女装は続く」――苦悩伝える性的少数者

性同一性障害と認定され「女性」として暮らす松江市の上田地優（60）は2011（平成23）年の夏、市内の県立高校に招かれた。生徒会が秋の文化祭に女装コンテストを企画し、親交があった校長から意見を求められた。

担当教員は「性の問題が絡むと社会的によく思われない」と難色を示し、生徒側は「事なかれ主義だ。いったい誰が傷つくのか」と反発していた。上田は「女装コンテストは性のパロディー化につながる」と否定的だったが、開催にこだわる生徒たちの姿勢に興味を持った。

校長室で生徒たちに対面し、2時間かけて思いを伝えた。「体は男だけど、どうしても脳が私を女性へ向けさせる」「コンテストの女装は一時的なもの。私は永久的に続けていくんです」。生徒たちはほとんど質問せずに黙り込んでいた。何を考えているのか、その表情からはうかがい知れなかった。

心と体の性が一致しない人たちが「性的倒錯者」と表現されることもあった昭和の時代。性同一性障害という診断名がつけられ、性別適合手術が正当な医療行為に位置づけられたのは、1990年代後半になってからだ。

2006(平成18)年に認定された上田は、当時、医師に女性化がいつ始まったか問われ「いつの間にか」としか答えられなかった。小学生で初めて化粧して外出し、母にきつくしかられたこと。オウム真理教事件が発覚した1995(平成7)年、髪が肩にかかるほどになり「教祖みたいのがいる」と警察に通報されたこと。上田の説明はどれも断片的だ。

外見の変化と反比例するかのように、個人で教えていた英語塾の生徒は減っていった。自宅の部屋が女性に人気のキャラクターグッズでいっぱいになり、久々に会った母の友人に驚かれた。「自分は男のはずなのになぜ……」。衝動的に障子を破り、流し台でコップをたたき割るようになった。

性同一性障害という診断名がついて初めて霧が晴れる思いがした。女性よりも女性らしく生きようとの思いが芽生え、自然と化粧が濃くなった。

だが、町に出ると勝手に足が震えることが5年ほど前まであった。制服を着た警察官と、生徒を連れた教師と思われる人に出くわした時だ。

「規範の象徴だからでしょうか。自分が望んだ生き方をやっと見つけられたと確信していたはずなのに、瞬間的に罪悪感をおぼえ、怒られたような気分になったんです」

記者(37)は目が覚める思いがした。上田へのインタビュー取材を始めてから既に20時間近くになっていたが、その言葉を聞いて、上田の苦しみを何も理解していなかったのだとようやく気づいた。

初めて会ったのは松江支局に赴任した2008(平成20)年のことだ。上田は市民団体の代表を務めており、記者会見の場を通じて取材する機会があったが、派手な服装や濃い化粧をしていても分かる男性らしい体格や声が気になった。性同一性障害という複雑なテーマにどう向き合えばいいのか分からず、「好きこのんで女装をしているのだろう」と距離を置いた。松江を去るまでの3年間、上田の記事は一度も書かなかった。

その後、上田がある大学の女装コンテストに「抗議した」とのニュースを目にした。ネット上には「上田自身が女装しているのに、他人の女装は認めないというのはわがままだ」という非難のコメントがあふれていた。

上田が何を考えているのか気になった。7年ぶりに松江へ会いに行ったのは、自分自身を試す意味もあったのかもしれない。そこで初めて「つらいことの連続だった」という半生の一端に接した。平成に入ると、女性の美を男性的な基準で格付けする「ミスコン」への批判が巻き起こり、代わりに女装コンテストを始める大学の学園祭が増えた。「つくり物の性で盛り上がるのであれば大丈夫、という考え方があるのだと思う」。上田は、自分の生き方が笑いものにされているような屈辱を感じるという。

県立高の文化祭当日。「女装コンテスト」の名称はなく、男装やアニメキャラクターなども加えた「ファンシー・ドレス・コンテスト」に衣替えされていた。上田は生徒会の依頼で「特別審査員」として立ち会った。

女子生徒の制服を借り、金髪のかつらで出場した男子生徒は「メークがこんなに大変だとは思わなかった」と感想を漏らした。化粧で覆い隠した上田の葛藤は、誰にも分かってもらえない。

②「公衆浴場に入るのか」――国への請願も5分で棚上げ

「私の活動の最終章」。上田は2017(平成29)年の夏、自身のブログにそう書き残して島根県議会に向かった。

上田は、戸籍上は男性だが、2006(平成18)年、心と体の性が一致しない性同一性障害と診断されたのをきっかけに「女性として生きる」とカミングアウトした。ただ、現行の性同一性障害特例法では性別適合手術を受けないと性別変更することができない。「体を傷つけることを強いられず、あるがままの性で生きたい」。いわゆる「手術要件」の撤廃に向け、国への請願を議会に求めた。

審議が始まり、男性県議が口を開いた。「極端なこと言うと、女性の風呂に男性のものをぶら下げた人が入ってひげをそっとったらびびる」

5分程度のやりとりで「継続審査」となり、棚上げが決まった。「風呂の話になっちゃうのか」。

上田は落胆し、請願の求めを取り下げた。

日本精神神経学会のガイドラインに従った初の性別適合手術は、1998(平成10)年、埼玉医科大学で実施された。これをきっかけに性同一性障害に苦しむ人たちの存在がクローズアップされ、2015(平成27)年までに延べ約2万2000人が国内の医療機関を受診するようになった。だが、実際に手術を受けて性別変更した人は2016(平成28)年末の時点で約6900人にとどまる。

経済的な負担や手術そのものに対する恐怖もある。戸籍の性を変えるためには手術の他にも、現に婚姻していない、子どもがいない、などの諸要件が立ちはだかる。「性の越境」に踏み切るのは容易なことではない。

身体的な事情を抱える上田も手術を受けない道を選んだ。内心では県議と同じような懸念を抱いていた記者(37)が尋ねると、「女性宣言」後、公衆浴場には一度も入っていないという。「そんな人生はもうあきらめた。当たり前でしょう。本気で女風呂に入ると思っているんですか」

知らない土地に行くと、性別にかかわらず誰でも入れる「多目的トイレ」の場所を真っ先に確認するのが習慣になった。できるだけ他者に迷惑を掛けず、リスクの少ない方法を模索して生きてきたつもりだが、他人にはなかなか伝わらない。トイレや風呂などといった私的で敏感な問題について、自ら進んで説明するのはやっぱり抵抗がある。

国際的には人権意識の高まりを受け、2000年代以降、英国やオランダ、アルゼンチンなど手術をせずに性別変更できる国が増えた。だが、全裸で公衆浴場に入る独特の慣習を持つ日本では、「女性が安心して入浴できない」として議論が進まない。

早稲田大学専任講師で『LGBTを読みとく』(ちくま新書、2017年)の著者、森山至貴(36)は

「障害のある人や高齢者に配慮したバリアフリーを進められるなら、性的マイノリティーの人たちが過ごしやすい公共空間も可能なはずだ」と指摘する。

入浴時間帯ごとにいろんなルールを設けてもいい。他人の目が気になる人はプールと同じように水着を着用し、気にならない人は裸で入浴する。それで生じる問題とは何だろうか。歴史ある温泉旅館で続いている混浴文化に抗議する人はどれだけいるのか。

裸のつきあいはコミュニケーションのあり方として大事だし、水着で入浴することが衛生的かどうか気にする人もいるかもしれない。そうした観点からの反論はいくつか考えられるが、「本気で共生を望むなら、越えられないハードルではない」と森山は思う。

島根県議会での請願活動をめぐり、インターネット上では県議の発言を支持する意見がほとんどで、上田に手厳しかった。「少数派の意見を主張し、多数派に押しつけて強要する社会は、民主主義を越えた暴力だ」との書き込みもあった。上田には、平成後期に吹き荒れるヘイトスピーチに重なって見えた。

③「私の苦しみが埋没する」――脱ＬＧＢＴで生きる

若者たちが沿道に投げキッスを送った。性の多様性を表す虹色の旗とプラカードが路上を埋めている。「らしく、楽しく、誇らしく」「沿道の皆さん、来年は一緒に歩きますか」

２０１７（平成29）年5月、東京・原宿周辺で開かれたＬＧＢＴの祭典「東京レインボープライド」。性同一性障害を抱えるトランスジェンダーの上田は、約５０００人の華やかなパレードを沿道で見つめていた。後ろで誰かのささやき合う声がした。「何あれ」「オカマのパレードだよ」

上田は黙ってその場を離れた。「オカマ」という差別的な響きも気になったが、多様な性のあり方を示すパレードなのに、ゲイの人たち「一色」のように語られてしまうのが、どうにもやりきれなかった。

「結局、自分たちの存在は見えていない」。世間の認識を肌で感じた上田は翌年、地元の松江市で記者会見を開いて「脱ＬＧＢＴ」を宣言した。「ＬＧＢＴでひとくくりにされてしまうと、性同一性障害という私の苦しみが埋没する」

同性愛のレズビアンとゲイ、両性愛のバイセクシュアル、心と体の性が一致しないトランスジェンダー。その頭文字のアルファベットを並べた「ＬＧＢＴ」という言葉は、２０１５(平成27)年ごろ、社会に広まりだした。

明治大学非常勤講師でトランスジェンダーの三橋順子(63)は「元々は１９９０年代、海外の活動家が連帯の概念として使い始めた言葉だが、日本では多様な性をポジティブに表現できる言葉として当事者以外にも浸透した」と解説する。一方で負の側面も挙げた。「まるでＬＧＢＴという一つの集団があるかのような誤解を生み、それぞれに固有の課題が見えづらくなってしまった」

関西地方に住む20代のレズビアンの女性は、同性愛という共通項があるゲイの人たちを「パワーマイノリティー(強い少数者)」と呼び、距離を置く。女性同士のカップルでの生活は２人の収入を合わせても余裕がなく、洋服を年に1回、量販店で買い足すのがささやかな楽しみだ。でも、あるイベントで知り合ったゲイの男性は蝶ネクタイを付け、明らかに高価なスーツを着ていた。「ゲイの暮らしを謳歌しています」。笑顔からこぼれた一言が忘れられない。

「収入が多い男性同士のゲイカップルとの格差は、一般社会で言われている男女格差よりもさらに大きい」と思うが、なかなか口に出せない。こうした意見に寄り添う声が、ゲイの人たちから全く聞こえてこないところに本当の溝を感じるという。

トランスジェンダーの中には「私たちは外見で差別されることが多く、就職という入り口で苦労し、手術の問題も抱える。同性愛の人とはつらさのレベルが違う」と語る人もいる。さらに、そのトランスジェンダーの世界にも序列が存在する、と上田は証言する。

性別適合手術をした人は「ファースト」、手術をしていない人は「セカンド」。陰でそう呼ばれているのを知り、衝撃を受けた。「ファースト」の人から「覚悟がない」「偽者だ」と中傷メールが届いたこともある。

近年、性は明確な境界線のないグラデーションとも説明されるようになったが、一方で、複雑な性の区分を頭文字で網羅した「LGBTQQIAAPO2S」というロングバージョンも生まれた。

「深く知ろうとしたら必ず違いが見えてくる」。東京レインボープライドに参加したことがあるレズビアンの一人は、その過程のさなかにあるから摩擦が起きていると捉える。「でも社会の多くの人がそういう段階に直面したとき、違いに耐えてくれるのか、見て見ぬふりをするのか自信が持てない」。上田のように違いを表明するには、まだためらいがある。

●**ミスコン批判**　日本では1990（平成2）年、大阪で開かれた「国際花と緑の博覧会（花博）」でのミスコンに反対運動が起こり、機運が高まった。その後、ミスコンから女子アナウンサーの輩出が続き、抵抗感が薄れたとの見方もある。

●**国内初の性別適合手術**　1998（平成10）年、30代の女性が子宮や卵巣の摘出手術などを受けた。ガイドラインに従った公式な形では初だが、基準がなかった1970年、十分に診断しないまま手術した医師が有罪判決を受けたこともある。

●**LGBTパレード**　東京では1994（平成6）年、「レズビアン&ゲイパレード」として約300人規模で始まった。流れをくむ「東京レインボープライド」は2018（平成30）年、関連行事も含め約15万人が訪れるまでに成長した。

座談会

50年後、100年後に「平成」はどう語られるのか

――30歳、ともに歩んで

福島創太
森山円香
税所篤快

左から
税所篤快氏，森山円香氏，福島創太氏

税所篤快……さいしょ・あつよし　１９８９年、東京都出身。早稲田大学卒。ＮＰＯ法人「ｅ―Ｅｄｕｃａｔｉｏｎ」創業の社会起業家で、現在は会社員。バングラデシュの貧困地域で、ＤＶＤを使った映像授業を展開。著書に『「最高の授業」を世界の果てまで届けよう』（飛鳥新社、２０１３年）など。

森山円香……もりやま・まどか　１９８８年、岡山市出身。九州大学卒。徳島県神山町の「神山つなぐ公社」ひとづくり担当。大学在学時に福岡でＮＰＯ法人「ティーチ・フォー・ジャパン」の支部設立。ＮＰＯで働く女性を描いた『Ｎ女の研究』（中村安希、フィルムアート社、２０１６年）にインタビューが収録されている。

福島創太……ふくしま・そうた　１９８８年、東京都出身。早稲田大学卒。教育社会学者。現在は東大大学院博士課程に在籍しつつ、株式会社「教育と探求社」で、中高生向けのキャリア教育プログラムの開発に従事している。著書に『ゆとり世代はなぜ転職をくり返すのか？』（ちくま新書、２０１７年）。

50年後や100年後、平成とはどんな時代として語られるのだろうか。「バブル崩壊」「失われた20年」。否定的な言葉で捉えがちな大人世代とは対照的に、若い世代は異なる感性で時代を見据える。「社会は変えられる」と信じ、世界の途上国や日本の地方などで活動してきた実践者たち。元号と同じ年を重ね、平成30年度に30歳を迎える3人が描く平成とは――。

――年齢的に、みなさんは「ゆとり世代」のど真ん中に当たります。

福島　就職活動の時に、面接官から「君たちは理由を聞く世代だ」と指摘された。「なぜそれをやる必要があるんですか」と尋ねてくると。でも、やることの意味を問うのは当然だと思う。上の世代には、会社への所属欲を大事にする人が多いのだろうが、僕らはそれでは満たされない。「会社ではなく、自分のために時間を使う」という発想が、付き合いの悪さみたいな部分に表れているのかもしれない。

森山　ゆとり世代と言われても、自分や知人には当てはまらないことが多くてピンとこないが、確かに会社への所属欲はあまりない。友人とのつながりや仕事を通じて得られた関係性を大事にしたい。住む場所や勤める会社が変わってもつながり続けられる、ポータブルで発展性の高いもの。

課題意識や実現したいことに打ち込むにはどこにいるのが一番いいか考え、結果的に小さな規模で、自由度高く働ける場を選んできた。

税所　ここ10年間ほどで盛り上がったのは社会起業のような流れと、地方で仕事をしたり、そこに住んだりする流れ。ゆとり世代がその中心を担った。自分は社会起業家の駒崎弘樹さんの『「社会を変える」を仕事にする』（ちくま文庫、２０１１年）を読んで、かっこいいと思った。ホリエモン（実業家の堀江貴文さん）を目指す気はなかった。「ビジネスやベンチャーで金を稼ごうぜ」ではなく、誰かのためになることが結果的にビジネスになればいいと思った。

――最近の若者が地方や海外を目指すのはなぜか。

森山　私は暮らす、食べる、体を動かすといった身体感覚を取り戻したかった。都会にいると普通にコンビニ弁当を食べ、何が入っているかも誰が作っているのかも気にしない。暮らしと仕事が離れすぎている気がして、中山間地への引っ越しを決めた。自分たちの畑で、農薬を使わずに安心して食べられる野菜を作っている。土日に会う人も、平日に仕事で会う人も一緒。自分を使い分けなくていいのが心地よい。

福島　都会はシュリンクしているし、それほど成長しないと分かっている。課題やニーズは都会以外、経済の領域以外にたくさんある。森山さんの「身体感覚を取り戻したい」という話は、根源的なもので共感する。教育関係の会社で仕事をする中で、子どもたちの生々しい変化を見ているとリフレッシュできるし、体全体でそれを感じると本質的なことに気付く。

税所　大学生の時、「バングラデシュのグラミン銀行のやり方を学んで社会起業家として巣立とう」というプログラムを仲間と一緒に作った。100人以上から応募があった。課題を見つけ、その解決法を発見し、ビジネスモデルを確立する。そうした取り組みを求めている同世代が多いのではないだろうか。

――大人が心配するほど若者は不幸せじゃない？

福島　大学時代に、米国の元副大統領アル・ゴア氏の『不都合な真実』(枝廣淳子訳、ランダムハウス講談社、2007年)を読んで衝撃を受けた。人間の行いによって、取り返しのつかない問題が起きていることを知った。だが、経済的な格差が広がる中で、そうした問題にまったく関心のない層もいて、僕らの世代は二極化している。毎週集まって中学の同級生と飲み会をするような地元志向の人たちは楽しそうだが、自分から見れば世界が狭い。半面、彼らにとっては自分が知りたいような広い世界には全然関心がない。でも、それぞれの価値観が許容されているのが面白い。

税所　地元が東京都足立区なので、多様な人が住んでいる。高卒で就職して結婚し、子どもが2、3人いて、身近な関係性をすごく大事にして生きている人とか。でも、お金の感覚はしっかりあって、タフにしたたかに考えている。ホワイトカラーよりも生きていく能力は高いかもしれないと思う。地元の友達を大切にするというのは「身体感覚」に近いものかも。

森山　顔が見える範囲を大事にしたいというのは共感する。ただ、安い物や既製品を買い求めるような生活に慣れてしまうと、そこから抜け出せなくなる。消費だけに依存するのは危ういと思う。

――「社会は変えられる」という感覚は、どうやって身につけたのか。

森山　大学生の時に約半年間休学して、島根県海士町《あまちょう》の離島に行った経験が大きい。そこで、社会は手作りなんだという感覚を得た。2500人ぐらいの小さな島で、海がしければフェリーが止まり、食材は届かない。誰かが届けてくれるから普段の生活がある、という当たり前のことを再認識する。大学は法学部で、社会の教職課程を取っていた。でも「一度も働いたことのない人間が社会をどう教えられるのか。教育に関心があるから教師、という自分の考えも狭い」と思ったのが休学のきっかけになった。

福島　教育の仕事をしていると、僕らの同世代には、ビジネスの現場を経てから先生になった人が結構いる。上の世代は「ずっと先生です」って人が多い。自分が知っている世界は狭いという感覚や、このままでいいんだろうかって感覚は、僕らの世代の特徴として抽出できるかもしれない。

税所　日本の学校の先生から「世界でチャレンジしてきた話をしてほしい」と講演依頼を受けることがある。「今の子どもは覇気がなくて、内向きだから」って。でも、言っていることがそのまま先生にも当てはまるんだよね。ＮＰＯをやってきて10人中9人が「無理だ」という時も、自分には「やったらいい」と背中を押してくれる大人がいた。マジでやれば、受け止めてくれる人もいるという感覚はすごく大事。

――働くことの意味。税所さんはこれから1年間育児休業を取るそうだが。

税所　今後の長い人生で、1年ぐらい夫婦で一緒に目標達成を目指す「チームビルディング」をしたいと思った。結婚してよかったと思うのは、妻が結構稼げる人で(笑)。一人で生計を立てていた時よりも安心感がある。自分たちより下の世代に育休の話をすると、みんな「お、いいね」と反応が速い。でも40代、50代の先輩や上司に話すと、なんか鈍い。言葉が腑に落ちていない感じで。

福島　かけがえのない体験だと思う。人生の中で楽しいことや、自分のテーマに近いことをやる。だから、それに近そうな育児をやらない理由はないんだけど、上の人からすると「仕事と育児どっちなの？」と二者択一で考えてしまう。

森山　一つの会社に勤め上げるというのは、もう私たちにはない。上の世代には、育休を取ると社内の競争レースに置いて行かれるという感覚があるのだろう。育休が認められなければ、転職して取らせてくれる会社に行けばいいだけ。1年間の育休は創造的な取り組みだし、例えば1年間休職して世界一周してくることだって、その人の「戦闘能力」をより高めてくれることにつながる。

――平成という時代は、後にどう記録されるか。

森山　葛藤の時代。次の時代がよくなるのか分からないが、このまま悩み続けるのか、それともアップデートできるのか。それが試されている。

福島　今後、経済的な二極化が進行して、あの時代になぜ二極化を止められなかったのか、と言われるのかもしれない。「いろんな価値観を受け入れられるような仕組みができた時代だった」と言われるようにしたい。

税所　利益の追求ではなく、誰かのために何かをするという感覚。その揺り戻しのターニングポイントになるのではないか。特に後半の15年は。

森山　経済合理性を突き進む流れもまだある中で、ローカルやソーシャルも道ができてきた。その価値が再認識され、新たな選択肢となっている。仕組みができるまでには時間がかかるから、まずは実践が大切になる。

福島　既得権益や制度をどうひっくり返すかというところに、じわじわ近づいている感じがする。もはや新しい正解はないし、正解は一つでもない。「正解は更新され続ける」という価値観を持たないといけない。

税所　経済産業省の若手官僚プロジェクト「不安な個人、立ちすくむ国家」を読むと、「声なき人に寄り添えたのか」という官僚の自問を感じる。10年前、20年前の官僚はそんなことは言わなかったのではないか。政策に関わる人の意識も変わっており、共感しあえる部分もあると感じている。

執筆者一覧

氏名，生年，出身地，入社年次，取材時の肩書，
主な取材テーマ，担当箇所(章立て順に表記)

柿崎　靖(かきざき・やすし)
1976年，秋田県生まれ，2000年入社，社会部遊軍記者.
経済事件，社会的養護．第1章1,3担当

小田智博(おだ・ともひろ)
1983年，山口県生まれ，2005年入社，社会部遊軍記者.
教育，ネット社会．第1章2(①，②)，第2章3担当

岸本拓郎(きしもと・たくろう)
1982年，岡山県生まれ，2007年入社，社会部遊軍記者.
政治資金，教育．第1章2(③)，第5章2(②)，3担当

伊藤元輝(いとう・げんき)
1989年，福岡県生まれ，2011年入社，大阪社会部遊軍記者.
事件，ルポ．第2章1担当

若松陽平(わかまつ・ようへい)
1978年，佐賀県生まれ，2002年入社，社会部遊軍記者.
事件，スポーツ．第2章2(①，②)担当

瀬戸貴紀(せと・よしき)
1981年，香川県生まれ，2004年入社，社会部遊軍記者.
災害，鉄道．第2章2(②，③)担当

名古谷隆彦(なごや・たかひこ)
1970年，東京都生まれ，1994年入社，編集局編集委員.
教育とその周辺領域．第3章1，第6章1，デスクワーク担当

宮城良平(みやしろ・りょうへい)
1981年，兵庫県生まれ，2004年入社，社会部遊軍記者.
事件，児童虐待，戦争の傷跡や障害分野．第3章2,3担当

三井　潔（みつい・きよし）
1965年，東京都生まれ，1990年入社，社会部担当部長．
公安事件や皇室，拉致，東南アジア．第4章1,2担当

島崎　淳（しまざき・じゅん）
1965年，宮城県生まれ，1988年入社，ロンドン支局長．
中東，欧州．第4章1(③)担当

濱口　健（はまぐち・けん）
1967年，福岡県生まれ，1994年入社，ロサンゼルス支局長．
中国や米国．第4章2(③)担当

鶴田大悟（つるた・だいご）
1981年，千葉県生まれ，2005年入社，社会部遊軍記者．
防衛・安全保障，事件．第4章3，第5章1，第6章2担当

小川美沙（おがわ・みさ）
1978年，鹿児島県生まれ，2002年入社，社会部遊軍記者．
女性や子どもへの暴力．第5章2(①，③)担当

ルポ 私たちが生きた平成 人と社会はどう変わったか

2019年4月23日　第1刷発行

編　者　共同通信社

発行者　岡本　厚

発行所　株式会社　岩波書店
〒101-8002 東京都千代田区一ツ橋 2-5-5
電話案内 03-5210-4000
https://www.iwanami.co.jp/

印刷・三秀舎　製本・松岳社

ISBN 978-4-00-061336-1 C0036　Printed in Japan